Michael Meyer

# Ökologische Datensätze

# Anwendung programmierbarer Taschenenrechner

Band 1 Angewandte Mathematik – Finanzmathematik – Statistik – Informatik für UPN-Rechner, von H. Alt

Band 2 Allgemeine Elektrotechnik – Nachrichtentechnik – Impulstechnik für UPN-Rechner, von H. Alt

Band 3/I Mathematische Routinen der Physik, Chemie und Technik für AOS-Rechner, Teil I, von P. Kahlig

Band 3/II Mathematische Routinen für Physik, Chemie und Technik für AOS-Rechner Teil II, von P. Kahlig

Band 4 Statik – Kinematik – Kinetik für AOS-Rechner, von H. Nahrstedt

Band 5 Numerische Mathematik. Programme für den TI-59, von J. Kahmann

Band 6 Elektrische Energietechnik – Steuerungstechnik – Elektrizitätswirtschaft für UPN-Rechner, von H. Alt

Band 7 Festigkeitslehre für AOS-Rechner (TI-59), von H. Nahrstedt

Band 8 Graphische Darstellung mit dem Taschenrechner (AOS), von P. Kahlig

Band 9 Maschinenelemente für AOS-Rechner, Teil I: Grundlagen, Verbindungselemente, Rotationselemente, von H. Nahrstedt

Band 10 Getriebetechnik – Kinematik für AOS- und UPN-Rechner (TI-59 und HP 97), von K. Hain

Band 11 Indirektes Programmieren und Programmorganisation, von A. Tölke

Band 12 Algorithmen der Netzwerkanalyse für programmierbare Taschenrechner (HP-41C), von D. Lange

Band 13 Getriebetechnik – Dynamik für AOS und UPN-Rechner, von H, Kerle

Band 14 Graphische Darstellung mit dem Taschencomputer PC-1211, von P. Kahlig

Band 15 Numerische Methoden bei Integralen und gewöhnlichen Differentialgleichungen für programmierbare Taschenrechner (AOS), von H. H. Gloistehn

Band 16 Elliptische Integrale für TI-58/59 – Mathematische Routinen der Physik, Chemie und Technik, Teil III, von P. Kahlig

Band 17 Theta-Funktionen und elliptische Funktionen für TI-59 – Mathematische Routinen der Physik, Chemie und Technik, Teil IV, von P. Kahlig

Band 18 Standardprogramme der Netzwerkanalyse für BASIC-Taschencomputer (CASIO), von D. Lange

Band 19 Statistische Verfahren für AOS-Rechner, von J. Bruhn

Band 20 Maschinenelemente für AOS-Rechner, Teil II, von H. Nahrstedt

Band 21 Statistische Verfahren für UPN-Rechner, von J. Bruhn

Band 22 Der HP-41C in Handwerk und Industrie, von K. Kraus

Band 23 Methoden der Netzwerkanalyse mit BASIC-Programmen (SHARP PC-1251 und PC-1500)

Band 24 Ökologische Datensätze – Programme für AOS-Rechner und BASIC-Taschencomputer (TI-58/59, PC-1211/1212)

Anwendung programmierbarer Taschenrechner

Band 24

Michael Meyer

# Ökologische Datensätze – Programme für AOS-Rechner und BASIC-Taschencomputer (TI–58/59, PC–1211/1212)

Friedr. Vieweg & Sohn Braunschweig / Wiesbaden

CIP-Kurztitelaufnahme der Deutschen Bibliothek

**Meyer, Michael:**
Ökologische Datensätze – Programme für AOS-Rechner
und BASIC-Taschencomputer (TI 58, 59, PC 1211,
1212)/Michael Meyer. – Braunschweig; Wiesbaden: Vieweg,
1984.
(Anwendung programmierbarer Taschenrechner;
Bd. 24)
ISBN 978-3-528-04246-2 ISBN 978-3-322-88836-5 (eBook)
DOI 10.1007/978-3-322-88836-5
NE: GT

1984



Satz: Vieweg, Braunschweig

ISBN 978-3-528-04246-2

# Vorwort

In einer Zeit, in der man den umweltschädigenden Einfluß unserer technologischen Gesellschaften immer deutlicher zu spüren bekommt, muß zwangsläufig die „Lehre vom Haushalt der Natur", also die Ökologie, an Bedeutung zunehmen. Daß diese Wissenschaft sich nicht nur um die Rettung der vom Aussterben bedrohten Tiere und Pflanzen bemüht, sondern auch die in ihrer Existenzgrundlage sich selbst gefährdende Menschheit in ihre Betrachtung einbezieht, ist eine Tatsache, die bisher leider nicht in weiten Kreisen der Bevölkerung bewußt gemacht wurde. Man kann wohl getrost behaupten, ökologische Forschung sei neben einer ausgewogenen Politik und neben akzeptablen Konzepten der Ökonomie für den Fortbestand der Menschheit notwendig.

Der Ökologe stützt sich bei seinen Untersuchungen auf nur verbal beschreibbare Beobachtungen (welche allerdings oft durch Fotos oder Zeichnungen dokumentarisch festgehalten werden können) und auf (mehr oder weniger) objektive Meßdaten. Liegen nach der Untersuchung letztere vor, müssen diese in irgendeiner Weise in logischen Zusammenhang gebracht werden, sie müssen also verarbeitet werden. Bei der Auswahl von numerischen Verfahren muß der Ökologe allerdings größtenteils auf fachfremde Literatur zurückgreifen, d.h. Werke der mathematischen, naturwissenschaftlichen, sozialwissenschaftlichen und medizinischen Statistik sowie der praktischen Mathematik für technisch-naturwissenschaftliche Disziplinen. Entsprechend muß er sich Taschenrechnerprogramme für die Datenauswertung aus Büchern anderer Fachdisziplinen zusammensuchen. Für eine Wissenschaft, die – wie oben angedeutet – so bedeutungsvoll wurde, ist es allmählich an der Zeit, daß sie ihre eigene Literatur zu diesem Thema erhält. Deshalb hielt ich es gerechtfertigt, diesen eigenständigen Band mit Taschenrechnerprogrammen für Ökologen zu schreiben, der zwar keine mathematisch neuartigen Konzepte enthält, jedoch in der Literatur verstreute Verfahren unter ökologischer Fragestellung sammelt.

Dieses Buch ist aus einer internen Veröffentlichung des Sonderforschungsbereich 95 (Wechselwirkung Meer-Meeresboden) in Kiel hervorgegangen. Dieser Bericht enthielt nur Programme in AOS-Version für die TI-58/59 Taschenrechner von TEXAS INSTRUMENTS. Neu in den vorliegenden Band wurde eine Gegenüberstellung der Programme in AOS-Code und der höheren Programmiersprache BASIC aufgenommen. Ebenfalls wurde ein Teil der Beispiele verändert, weil zuvor der meeresökologische Aspekt zu stark hervortrat.

Zu danken habe ich Prof. Dr. *H. Schwenke*, Prof. *E. Walger*, Dr. *M. Bölter*, Dr. *B. Probst* und Dr. *U. Rempe* für kritische Durchsicht des Manuskriptes und für Verbesserungsvorschläge. Herr *W. Dzomla* und Herr *N. Filla* waren mir bei der Anfertigung der Graphiken und Flußdiagramme behilflich.

Danken möchte ich auch sehr herzlich Frau *U. Schmickler-Hirzebruch* und Herrn *E. Schmitt* vom Verlag Vieweg & Sohn für die kooperative Zusammenarbeit.

Kiel, 1983 *M. Meyer*

# Inhaltsverzeichnis

# 1 Einleitung

Analysen ökologischer Daten werden in zunehmendem Maße mit Hilfe von EDV-Anlagen durchgeführt. Die Verwendung von Computern setzt jedoch leistungsfähige Rechenzentren[1] voraus. Naturgemäß sind diese auf größere Orte oder auf vorbildlich eingerichtete Forschungsstationen beschränkt. Ein in der freien Natur oder in einer kleinen Station arbeitender Ökologe sammelt deswegen zweckmäßigerweise seine Daten, bis er die Gelegenheit bekommt, sie mit einem Computer auszuwerten. Nicht selten werden aber Zwischenergebnisse benötigt, welche über die Fortführung der Experimente entscheiden. Eine Computeranalyse an Ort und Stelle wäre angezeigt.

Die Entwicklung der Mikroprozessoren hat leistungsfähige Taschenrechner auf den Markt gebracht, die man schon als „Computer für die Hosentasche" bezeichnen kann. Solche Kleinstrechner können zu einem beträchtlichen Teil Aufgaben bewältigen, welche früher nur mit einer Großrechenanlage gelöst werden konnten. Wie weit die Perfektion der Miniaturcomputer noch getrieben werden kann, ist bisher nicht abzusehen. Der Wunschtraum vieler Ökologen, Datenverarbeitung schon während des Experimentes zu betreiben, ist heute weitgehend realisierbar.

Den hauptsächlich praxisbezogen arbeitenden Ökologen fehlt aber in den meisten Fällen Programmiererfahrungen. Selbst Benutzern von Großrechenanlagen fällt oft eine vollständige Ausnutzung eines programmierbaren Taschenrechners schwer. Denn gegenüber der nahezu unerschöpflichen Kapazität eines Großcomputers an Programm- und Datenspeichern muß der Benutzer eines programmierbaren Taschenrechners sich einschränken, die komfortable Programmiersprache wird durch einen relativ umständlichen Maschinencode ersetzt (die neue Generation der Taschenrechner, welche in der höherentwickelten Sprache BASIC zu programmieren sind, wird allerdings wohl in Kürze die bisher konventionellen AOS- und UPN-Rechner verdrängen).

Dieses Buch liefert dem EDV-unerfahrenen Ökologen eine Programmsammlung für Kleinstrechner, Benutzern von Großrechenanlagen wird ökonomischer Gebrauch von Programm- und Datenspeichern demonstriert.

Die Programme wurden sowohl für AOS-Rechner mit Möglichkeit zur indirekten Adressierung als auch für BASIC-Taschencomputer geschrieben. Auf diese Weise wurde der schon erwähnten Weiterentwicklung und Umorientierung des Taschenrechner-Marktes Rechnung getragen. Prinzipiell können die Programme auch auf UPN-Rechner umgeschrieben werden, die Flußdiagramme geben hierfür Hilfestellung.

Speziell wurden die Programmtexte für die Rechner TI-58 (von TEXAS INSTRUMENTS) und PC-1211 (SHARP CORPORATION) verfaßt. Die Verwendung kleinerer AOS-Rechner ist nur für einen Teil dieser Programmsammlung möglich. Für die meisten AOS-Programme reicht die Grundausstattung (TI-58 + Standard-Software-Modul) aus, für einige wird jedoch der zugehörige Drucker PC-100 A benötigt. Kleinere BASIC-Rechner als der PC-1211 sind

[1] Natürlich gehören hierzu auch leistungsfähige Mikrocomputer mit ausreichender Peripherie.

ebenfalls nur bedingt für diese Programmsammlung einsetzbar. Dieses gilt auch für den PC-1210, also den kleinen Bruder des PC-1211. Auch wenn er im Speicherumfang mit dem TI-58 vergleichbar ist, läßt sich der PC-1210 im ROM-Bereich nicht erweitern, beispielsweise umfangreiche Matrixoperationen müssen im RAM programmiert werden. Dadurch wird aber die Zahl der Variablenspeicher zu stark reduziert (beim PC-1211 ergibt sich dieses Problem wegen seines ausreichend vorhandenen Speicherplatzes nicht).

Die Flußdiagramme, welche für die meisten Algorithmen aufgestellt wurden, beziehen sich auf die TI-58-Version des Programms. Sofern es möglich war, wurden die PC-1211-Programme der AOS-Rechner-Version weitgehend angepaßt (Verschiebungen in den Registern können sich aber dadurch ergeben, daß für den BASIC-Rechner kein Register A(0) vorgesehen ist). Die Programmzeilen in der BASIC-Version wurden folgendermaßen aufgelistet:

Label (falls vorhanden): Adressen TI-58-Version; BASIC-Version

Auf diese Weise kann der Leser ständig die Programmtexte zwischen AOS-Code und BASIC-Version vergleichen (eine große Hilfe für jemanden, der sich mit Macro-Assembling befassen will).

Diese Programmsammlung erhebt keinen Anspruch auf Vollständigkeit, ebenfalls werden die beschriebenen Verfahren nicht lehrbuchmäßig abgehandelt, da hier kein biomathematisches Lehrbuch ersetzt werden soll. Die in jedes Kapitel einführende Aufzählung der Anwendungsmöglichkeiten der Programme, sowie der Demonstration der Berechnungen an aktuellen ökologischen Datensätzen soll den Leser ständig daran erinnern, daß nicht die mathematischen Verfahren, sondern die ökologischen Fragestellungen im Vordergrund stehen.

Dem Anwender sei zusätzlich die Benutzung von schon bestehenden Programmsammlungen empfohlen. Neben Programmpaketen der Rechner-Hersteller zur Mathematik und Statistik wird auf Publikationen von *Diepold* (1979), *Gloistehn* (1978), *Hainer* (1980), *Kahmann* (1980), *Lamers* (1979), *Kahlig* (1979), *Sacher* (1977), *Venz* (1980) verwiesen. Genannte Autoren bieten Programme zur parametrischen und nichtparametrischen Statistik an, sowie Verfahren der praktischen Mathematik. Allerdings muß auf gewisse Schwierigkeiten beim Umgang mit der Literatur hingewiesen werden. Die Verfahren werden oft ohne Bezug zur praktischen Anwendung präsentiert, teilweise verstehen die Autoren ihre Publikationen als Ergänzung zu speziellen Lehrbüchern.

Auch wenn vielleicht mancher Ökologe durch diese Programmsammlung in Hinblick auf sein Problem nicht angesprochen wird, so hoffe ich doch, daß mit diesem Band die Vielseitigkeit der „Taschencomputer" auch in diesem Arbeitsbereich unter Beweis gestellt wird.

Kiel, im August 1983 *Michael Meyer*

# 2 Einzelheiten zu den verwendeten Rechnern

## Der Taschenrechner TI-58

Der verwendete Taschenrechner (TI-58 von TEXAS INSTRUMENTS) gehört in die Gruppe der AOS-Rechner. Rechenoperationen werden also wie beim Schreiben durchgeführt. Es können maximal 480 Programmschritte gespeichert werden oder alternativ 60 Daten. Speicherplätze, die für das Programm besetzt werden, gehen der Datenspeicherung verloren; umgekehrt genauso.

Direkte oder indirekte Adressierung der Datenspeicher ist möglich. Sprungbefehle im Programm werden durch direkte oder indirekte Adressierung der Programmzeilen erzielt. Zusätzlich besteht die Möglichkeit, Programmzeilen zu markieren. Sprünge zu diesen Zeilen werden durch Angabe der Marken programmiert. Wir unterscheiden zwischen bedingten und unbedingten Sprunganweisungen. Bei ersteren werden Sprünge nur dann durchgeführt, wenn gewisse Bedingungen erfüllt sind. Zu diesen gehören Registervergleiche (Anzeige – gegen T-Register), Flags und dsz-Anweisungen. Unbedingte Sprünge werden immer ausgeführt. Beim TI-58 sind GTO-Befehle und Subroutinen zu dieser Kategorie zu zählen.

Programme werden in der Regel durch die Befehle RST R/S gestartet. Bei Verwendung der sogenannten Programmadress-Tasten (A, B, C, D, E, A', B', C', D', E') werden zunächst Sprünge zu markierten Programmzeilen durchgeführt. Dort wird dann die Abarbeitung des Programms begonnen.

Die sogenannte Solid-State Software erweitert den Anwendungsbereich des Rechners erheblich. Vom Hersteller gefertigte Programmsammlungen können in Form von kleinen Aufsatzteilen in den Rechner gesteckt werden und zum Rechnen durch spezielle Kommandos abgerufen werden. Programme aus Software-Moduln belegen keine Programmspeicher.

Wie oben schon erwähnt, kann an den TI-58 ein Drucker (PC-100A, B, C) angeschlossen werden. Dieser ermöglicht neben programmgesteuerten Ausdrucken Listings sowohl von Daten- und Programmspeichern, als auch von verwendeten Labels. Während einer Berechnung kann er in Trace'mode' geschaltet werden. Es erfolgt dann eine Aufzeichnung sämtlicher Programmschritte (nicht der Läufe von Softwareprogrammen). Es können numerische und alphanumerische Symbole gedruckt werden.

Auf die implementierten Funktionstasten soll hier nicht eingegangen werden, der Verfasser verweist auf die Bedienungsanleitung zum Gerät.

Gegenüber einem „echten" Computer sind die Verwendungsmöglichkeiten des TI-58 natürlich eingeschränkt. Dennoch haben wir einen leistungsfähigen Kleinrechner zur Hand, mit dessen Hilfe erstaunlich komplizierte Berechnungen durchgeführt werden können.

## Der Taschencomputer PC-1211 nebst Zubehör

Anders als AOS- und UPN-Rechner wird der PC-1211 von SHARP in einer höheren Programmiersprache (BASIC) ‚angeredet'. Die Programme, die auf diesem Rechner laufen, können ohne große Schwierigkeiten sogar auf einen Großrechner mit BASIC-Interpreter übertragen werden. Für Anwender, die eine Übertragung der ökologischen Programme auf einen größeren Computer für zweckmäßig halten (auch eine Übersetzung in Fortran IV dürfte keine allzu große Schwierigkeiten bereiten), möchte ich Hinweise über die Abweichungen vom Standard-BASIC geben: Eine Dimensionserklärung (DIM) für das Array a ist beim PC-1211 nicht erforderlich (und möglich). Bei der Übertragung von Programmen sollte als erste Zeile

5 DIM a (250)

gesetzt werden. Von der Äquivalenz der Variablen a–z mit den Feldelementen a(1)–a(27) habe ich in meinen Programmen keinen Gebrauch gemacht. Sofern jedoch vom Hersteller gelieferte Bibliotheksprogramme verwendet wurden, muß bei der Übertragung auf diese Besonderheit geachtet werden. Ähnlich wie beim TI-58 können bestimmte Orte durch Adresstasten als Startpunkte im Programm markiert werden. Statt durch Marken wird im Standard-BASIC die Startstelle (sofern nicht im Programmanfang) durch den Befehl

RUN xx (xx = Zeilennummer, an welcher Stelle der Lauf beginnen soll)

gekennzeichnet. Die Formatanweisungen für den Output (USING, PRINT USING und PAUSE USING) müssen jedem Rechnertyp angepaßt werden. Im Standard-BASIC dürfen Laufindexe keine Arrayelemente sein. Sofern sich hieraus Fehlermeldungen bei den Programmen ergeben sollten, muß der Benutzer nichtindizierte Variablen einsetzen.

Zur Grundausstattung des PC-1211 gehört eine englisch geschriebene Programmsammlung („Applications manual"). Sofern auf diese zurückgegriffen wird, habe ich es im Text vermerkt. Über ein Interface kann ein Bandgerät als externer Speicher angeschlossen werden, ebenfalls ist eine Kombination Interface-Drucker im Handel erhältlich.

Der PC-1211 stellt ein Bindeglied zwischen Taschenrechner und echtem Computer her. Nicht zu Unrecht wird er deshalb vom Hersteller als Taschencomputer bezeichnet.

# 3 Parametrische und nichtparametrische Verfahren der Statistik

Viele Ökologen neigen leider dazu, statistische Methoden unkritisch auf jeden, wie auch immer gearteten, Datensatz anzuwenden. Beliebt ist dabei besonders die Berechnung von arithmetischem Mittel, Standardabweichung und von Regressionsgeraden. Unterschiede zwischen Datenkategorien werden sehr oft per F- und t-Test geprüft.

Nicht immer aber sind diese Verfahren auf vorliegende Daten anzuwenden. Gerade ökologische Meßwerte erfüllen oft nicht gewisse Voraussetzungen, welche an die Benutzung dieser Verfahren gestellt werden. Falsch angewandte statistische Verfahren können jedoch unter Umständen Aussagen, welche aus ihrer Verwendung resultieren, unbrauchbar machen.

Dieser Abschnitt soll die Kritikfähigkeit des Ökologen in dem Gebrauch einfacher statistischer Methoden wecken. Es soll gezeigt werden, daß es zu den bekannten Verfahren Alternativen gibt, welche auch auf Daten anzuwenden sind, welche gewisse Voraussetzungen nicht erfüllen.

Prinzipiell kann man sagen, daß sogenannte nichtparametrische Prozeduren auf jeden Datentypus (Intervall- oder Verhältnisskalierung vorausgesetzt) anzuwenden sind. Entstammen die Meßwerte jedoch Normalverteilungen, dann sollte man „parametrische" Methoden vorziehen, weil deren Aussage schärfer ist als die der nichtparametrischen.

Die hier vorgestellten, für Taschenrechner programmierten Verfahren, stellen sozusagen das statistische Grundgerüst für einen Ökologen dar. Ich meine schon, daß es etwas solide sein sollte, damit Anwendungsfehler gerade bei den einfachen Verfahren vermieden werden.

## 3.1 Strichlisten und Häufigkeitsverteilung

*Erforderliche Ausstattung:* Taschenrechner TI-58, PC-1211

*Anwendung in der Ökologie:* Auszählen der Frequenz biologischer Arten, Ermittlung der Größenklassenverteilung biologischer und nichtbiologischer Objekte.

Strichlisten, die zu Häufigkeitsverteilungen führen, können bei Verwendung von einem der beiden Rechner ohne großen Papierverbrauch angelegt werden. Übersteigt die Anzahl der Klassen nicht 49, kann mit dem Programm COUNT1 gezählt werden. Bis zu 147 Klassen stehen bei Anwendung des Programmes COUNT2 zur Verfügung, allerdings mit der Einschränkung, daß die Anzahl der Beobachtungen pro Klasse 999 nicht überschreiten darf.

### TI-58

Vor Benutzung eines der beiden Programme muß die Speicherbereichsverteilung durch 5 OP 17 verändert werden. Nach dem RST-Befehl kann die Zählung beginnen. Für ein zu zählendes Objekt wird die Klassennummer mit R/S eingegeben. Damit ist das Individuum registriert.

Die Häufigkeitsverteilung kann durch das Kommando INV LIST auf einen angeschlossenen Drucker gegeben werden. Falls jedoch ein Drucker nicht vorhanden ist, müssen die Datenregister durch RCL-Befehle zur Anzeige gebracht werden, also RCL 01, RCL 02, ... , RCL n. Bei Verwendung des Programms COUNT1 bereitet die Klassenidentifizierung keine Schwierigkeit. Die Datenregisternummer entspricht hier der Klassennummer in der Häufigkeitsverteilung. Bei Anwendung von COUNT2 muß hingegen beachtet werden, daß jede gedruckte Zahl 3 Klassen zu je 3 Ziffern enthält.

## PC-1211

Nach Einschalten des Rechner-Modus DEF wird das Programm mit RUN gestartet. Für ein zu zählendes Objekt wird die Klassennummer mit ENTER eingegeben. Das Individuum ist damit registriert.

Nach Abschluß der Zählprozedur wird SHFT B gedrückt. Auf dem Display werden nacheinander die Werte der Häufigkeitsverteilung zur Anzeige gebracht (Anzeige des nachfolgenden Wertes nach Betätigung der ENTER-Taste).

### Flußdiagramme und Programmlisten

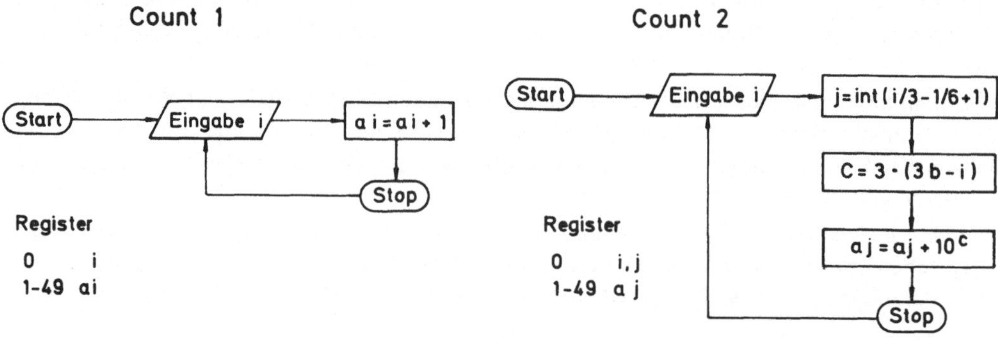


### Programm COUNT1: TI-58

```
000  42 STO     003  74 SM*
001  00  00     004  00  00
002  01   1     005  91 R/S
                006  81 RST
```

### Programm COUNT2: TI-58

```
000  42 STO     008  01   1     016  00  00     024  28 LOG
001  00  00     009  95   =     017  65   ×     025  74 SM*
002  55   ÷     010  59 INT     018  03   3     026  00  00
003  03   3     011  48 EXC     019  95   =     027  91 R/S
004  75   -     012  00  00     020  65   ×     028  81 RST
005  06   6     013  94 +/-     021  03   3     029  00   0
006  35 1/X     014  85   +     022  95   =     030  00   0
007  85   +     015  43 RCL     023  22 INV     031  00   0
                                                032  00   0
```

## Programm COUNT1: PC-1211

```
                 10   CLEAR
A   000–001      20   INPUT "I: "; A(1)
    002–004      30   A(A(1)+1)=A(A(1)+1)+1
    005–006      40   GOTO 20
B                50   FOR A(1)=1 TO 49
                 60   IF A(A(1)+1) <> 0 PRINT A(1), A(A(1)+1)
                 70   NEXT A(1)
                 80   END
```

Bei Verwendung von größeren Rechnern muß folgendes Statement eingefügt werden:

```
25 IF A(1)=50 THEN 50
```

## Programm COUNT2: PC-1211

```
                 10   CLEAR
A   000–001      20   INPUT "I: "; A(1)
    002–012      30   A(51)=INT(A(1)/3–1/6+1)
    013–022      40   A(52)=3*(3*A(51)–A(1))
    023–026      50   A(A(51)+1) = A(A(51)+1)+10↑A(52)
    027–028      60   GOTO 20
B                70   FOR A(1)=1 TO 49
                 80   IF A(A(1)+1) <> 0 PRINT A(1), A(A(1)+1)
                 90   NEXT A(1)
                100   END
```

Bei Verwendung von größeren Rechnern muß wieder ein Statement ergänzt werden:

```
25    IF A(1)=–1 THEN 70
```

### Beispiel

Bei der Erforschung von Zoobenthosbeständen im Wattenmeer zwischen Jade- und Wesermündung (*Meyer, Michaelis* 1980) wurden u.a. 9 Stationen mit Zostera marina-Bewuchs untersucht. Absenz oder Präsenz konnten bei oberflächlicher Betrachtung nur für 19 Arten festgestellt werden. Für diese Arten sollen absolute Stetigkeitswerte ermittelt werden.

Der erste Schritt besteht in der Durchnummerierung der Arten. Hiermit entsteht die folgende Liste:

1 = Nephtys hombergii
2 = Arenicola marina
3 = Scoloplos armiger
4 = Cardium edule
5 = Macoma baltica
6 = Pygospio elegangs
7 = Lanice conchilega
8 = Crangon crangon
9 = Heteromastus filiformis
10 = Nereis diversiculor
11 = Mya arenaria
12 = Hydrobia ulvae
13 = Corophium volutator
14 = Scrobicularia plana
15 = Littorina littorea
16 = Mytilus edulis
17 = Carcinus maenas
18 = Bathyporeia sp. (pilosa + sarsi)
19 = Scolelepis squamata

Jede Art entspricht einer der oben erwähnten Klassen. Die Codierung der Arten auf die 9 Stationsprotokolle übertragen, führt zu nachfolgenden Listen:

Station 1: 1, 2, 3, 4, 5, 6, 12
Station 2: 1, 2, 4, 7, 12, 15, 16
Station 3: 1, 2, 4, 7, 12, 15, 16
Station 4: 1, 2, 4, 5, 7, 8, 11, 12, 15, 16, 17
Station 5: 1, 2, 3, 4, 7, 11, 12, 15
Station 6: 1, 2, 4, 5, 11, 12
Station 7: 1, 2, 4, 5, 15, 16, 17
Station 8: 1, 2, 4, 6, 9, 11, 12, 15, 16
Station 9: 1, 2, 3, 4, 5, 7, 8, 12, 16

## TI-58

Bei Anwendung von COUNT1 oder COUNT2 wird z.B. der Artenbestand von Station 1 wie folgt eingegeben:

1 R/S 2 R/S 3 R/S 4 R/S 5 R/S 6 R/S 12 R/S

Die Speicherlisten von COUNT1 und COUNT2 nach Eingabe aller Daten:

COUNT1

```
9.        01
9.        02
3.        03
9.        04
5.        05
2.        06
5.        07
2.        08
1.        09
0.        10
4.        11
8.        12
0.        13
0.        14
6.        15
6.        16
2.        17
0.        18
0.        19
0.        20
```

COUNT 2

```
9009003.    01
9005002.    02
5002001.    03
   4008.    04
      6.    05
6002000.    06
      0.    07
```

## PC-1211

In dem Rechnermodus DEF Programmstart mit RUN. Eingabe des Artenbestands von Station 1 wie folgt:

1 ENTER 2 ENTER 3 ENTER 4 ENTER 5 ENTER 6 ENTER 12 ENTER

Nach der Eingabe des Protokolls von Station 9 wird SHFT B getippt.

Displayanzeigen:

| COUNT 1 | | COUNT 2 | |
|---|---|---|---|
| 1 | 9 | 1 | 9009003 |
| 2 | 9 | 2 | 9005002 |
| 3 | 3 | 3 | 5002001 |
| 4 | 9 | 4 | 4008 |
| 5 | 5 | 5 | 6 |
| 6 | 2 | 6 | 6002000 |
| 7 | 5 | | |
| 8 | 2 | | |
| 9 | 1 | | |
| 11 | 4 | | |
| 12 | 8 | | |
| 15 | 6 | | |
| 16 | 6 | | |
| 17 | 2 | | |

Diese Listen führen übersetzt zu folgenden absoluten Stetigkeiten der Arten:

| Art | Stetigkeit |
|---|---|
| Nephtys hombergii | 9 |
| Arenicola marina | 9 |
| Scoloplos armiger | 3 |
| Cardium edule | 9 |
| Macoma baltica | 5 |
| Pygospio elegans | 2 |
| Lanice conchilega | 5 |
| Crangon crangon | 2 |
| Heteromastus filiformis | 1 |
| Nereis diversiculor | 0 |
| Mya arenaria | 4 |
| Hydrobia ulvae | 8 |
| Corophium volutator | 0 |
| Scrobicularia plana | 0 |
| Littorina littorea | 6 |
| Mytilus edulis | 6 |
| Carcinus maenas | 2 |
| Bathyporeia sp. | 0 |
| Scolelepis squamata | 0 |

Bei entsprechender Vorbereitung der Protokollisten können die Bestandsaufnahmen sehr zügig eingetippt werden. Die Eingabe der hier vorgestellten 9 Bestände aus den Originallisten war in 10 Minuten abgeschlossen.

## 3.2 Mittelwert und Standardabweichung

*Erforderliche Ausstattung:* Taschenrechner TI-58, PC-1211

*Anwendung in der Ökologie:* Errechnung von Kennwerten für Meßwerte, für die Normalverteilung erwartet werden darf. Ungeeignet für demökologische Daten. Anwendung auf Zeitreihen nicht immer vertretbar.

Bekanntlich wird das arithmetische Mittel als die Summe von Einzelbeobachtungen dividiert durch deren Anzahl definiert:

$$\bar{x} = \frac{1}{n} \sum_{i=1}^{n} x_i \qquad (3\text{-}1)$$

Unter der Standardabweichung verstehen wir folgenden Kennwert:

$$s = \left( \frac{\sum_{i=1}^{n} x_i^2 - \left( \sum_{i=1}^{n} x_i \right)^2 / n}{G} \right)^{1/2} \qquad G = n - 1 \text{ oder } G = n \qquad (3\text{-}2)$$

Die Gewichtung G = n sollte nach Möglichkeit nicht verwendet werden, es sei denn, man schließt sich wie z.B. *Lorenz* (1965, S. 95 ff.) der üblichen Meinung der Statistiker nicht an. Wenn nicht anders vermerkt, soll in Zukunft unter Standardabweichung s der Term mit der Gewichtung G = n − 1 verstanden werden.

### TI-58

Für die Berechnung des Mittelwertes braucht kein Programm geschrieben zu werden, da die Hardware des Rechners schon auf einfache statistische Verfahren abgestimmt wurde. Allerdings muß vor Anwendung statistischer Prozeduren für eine Löschung der Datenregister 1–6 sowie des T-Registers gesorgt werden. Mit der Befehlsfolge PGM 1 SBR CLR kann eine statistische Analyse am schnellsten vorbereitet werden.

Daten für die arithmetische Mittelwertsbildung werden durch die Σ+-Taste erfaßt. Die Display-Anzeige gibt nach jedem Σ+ die Anzahl der schon aufsummierten Werte an. Nach Beendigung der Dateneingabe wird die Berechnung des arithmetischen Mittels durch Drücken der $\bar{x}$-Taste eingeleitet.

Wurde schon eine Häufigkeitsverteilung für die Daten aufgestellt, vereinfacht sich die Eingabe bei Anwendung des Programms ARIHAE. Nach der Programmeingabe und dem RST-Kommando werden die Wertepaare der Häufigkeitsverteilung wie folgt abgespeichert:

$z_i$ x⇌t $x_i$ R/S

Werden außer bei der ersten Eingabe nur $x_i$-Werte getippt, werden die entsprechenden $z_i$-Werte als 1 interpretiert.

Die Standardabweichung s kann wie das arithmetische Mittel durch einfachen Tastendruck auf dem Rechner ermittelt werden. Voraussetzung hierfür ist aber wie bei der Mittelwertberechnung die Dateneingabe durch Σ+ oder durch Programm ARIHAE.

INV $\overline{x}$ erzeugt die Standardabweichung mit G = n − 1, die Gewichtung G = n wird bei Verwendung des Befehls INV OP 11 $\sqrt{x}$ gewählt.

## PC-1211

Die Berechnung von arithmetischem Mittel und Standardabweichung ist leider hardwaremäßig nicht eingeplant. Deshalb wurde ein Programm ARIHAE geschrieben, welches sowohl für die Eingabe von Einzeldaten als auch von Häufigkeitsverteilungen geeignet ist. Als Resultate werden schließlich das arithmetische Mittel, die Standardabweichung mit der Gewichtung G = n − 1 und die Standardabweichung mit der Gewichtung G = n ausgegeben.

In dem Rechner-Modus DEF wird das Programm mit RUN gestartet. Danach Eingabe der Daten. Sofern eine Häufigkeitsverteilung vorliegt, wird $x_i$ ENTER $z_i$ ENTER getippt.

Wenn hingegen nur Einzelwerte abgespeichert werden sollen, wird $x_i$ ENTER ENTER eingegeben. Durch eine kleine Modifikation des Programmtextes kann man die zweimaligen ENTER-Befehler auf jeweils einen reduzieren.

Durch SHFT B wird der Rechner nach der Werteeingabe zum Anzeigen der Resultate veranlaßt.

### Flußdiagramm und Programmlisten

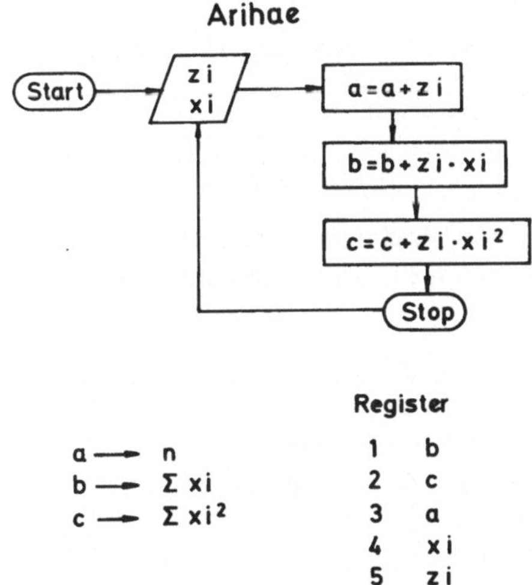


### Programm ARIHAE: TI-58

```
42 STO
04  04
65  ×
32 X⇌T
44 SUM
03  03
42 STO
05  05
95  =
44 SUM
01  01
43 RCL
04  04
33 X²
65  ×
01  1
32 X⇌T
43 RCL
05  05
95  =
44 SUM
02  02
43 RCL
03  03
91 R/S
81 RST
```

**Programm ARIHAE: PC-1211**

```
                     10  CLEAR
A     000–001        20  INPUT "XI, ZI : "; A(4), A(5)
                     30  IF A(5) = 0 LET A(5)=1
      004–005        40  A(3)=A(3)+A(5)
      000–010        50  A(1)=A(1)+A(5)*A(4)
      011–021        60  A(2)=A(2)+A(5)* A(4) ↑ 2
      015–016        70  A(5)=1
      024–025        80  GOTO 20
B                    90  A(6)=A(1)/A(3)
                    100  PRINT A(6)
                    110  A(6)=SQR((A(2)-A(1) ↑ 2/A(3))/(A(3)-1))
                    120  PRINT A(6)
                    130  A(6)=SQR((A(2)-A(1) ↑ 2/A(3))/(A3))
                    140  PRINT A(6)
                    150  END
```

Sofern keine Häufigkeitsverteilung vorliegt, d.h. ZI = 1 für alle Eingaben, sollte Zeile 20 geändert werden:

```
20  INPUT "XI : "; A(4)
```

Wenn man an einem größeren Computer rechnet, muß folgende Zeile ergänzt werden:

```
25  IF A(4)=777.777 THEN 90
```

## Beispiel

*Orloci* (1971) hat das Verteilungsmuster eines Bartgrases (*Andropogon scoparius*) untersucht. In einem Netz von 16 * 16 $m^2$ hat er für jedes Quadrat die Individuenzahl notiert und erhielt folgende Datenmatrix:

| | | | | | | | | | | | | | | | |
|---|---|---|---|---|---|---|---|---|---|---|---|---|---|---|---|
| 0 | 0 | 0 | 0 | 0 | 0 | 0 | 0 | 0 | 0 | 0 | 0 | 0 | 0 | 0 | 0 |
| 0 | 0 | 0 | 0 | 0 | 0 | 0 | 0 | 0 | 0 | 0 | 0 | 0 | 0 | 0 | 0 |
| 0 | 0 | 0 | 0 | 0 | 0 | 0 | 0 | 0 | 0 | 0 | 0 | 0 | 11 | 28 | 0 |
| 0 | 0 | 0 | 13 | 0 | 0 | 0 | 0 | 0 | 0 | 0 | 0 | 0 | 0 | 0 | 0 |
| 0 | 0 | 0 | 0 | 0 | 0 | 0 | 0 | 0 | 0 | 10 | 0 | 0 | 2 | 34 | 0 |
| 0 | 0 | 9 | 4 | 0 | 3 | 0 | 0 | 24 | 14 | 0 | 15 | 8 | 0 | 42 | 19 |
| 1 | 4 | 0 | 2 | 0 | 0 | 0 | 0 | 0 | 0 | 0 | 0 | 0 | 24 | 13 | 0 |
| 0 | 0 | 0 | 0 | 0 | 0 | 0 | 23 | 13 | 16 | 0 | 10 | 17 | 31 | 0 | 0 |
| 18 | 5 | 0 | 0 | 13 | 35 | 8 | 1 | 8 | 9 | 2 | 7 | 9 | 0 | 0 | 0 |
| 0 | 0 | 0 | 0 | 0 | 0 | 0 | 8 | 0 | 0 | 0 | 0 | 0 | 0 | 0 | 0 |
| 0 | 0 | 0 | 0 | 9 | 0 | 0 | 0 | 0 | 0 | 0 | 0 | 0 | 0 | 0 | 0 |
| 0 | 0 | 35 | 31 | 12 | 0 | 0 | 0 | 3 | 0 | 0 | 0 | 0 | 4 | 0 | 0 |
| 0 | 0 | 45 | 14 | 0 | 0 | 13 | 0 | 0 | 0 | 0 | 0 | 0 | 0 | 0 | 7 |
| 1 | 0 | 0 | 0 | 0 | 0 | 0 | 0 | 0 | 0 | 0 | 0 | 18 | 0 | 14 | 0 |
| 14 | 0 | 4 | 0 | 31 | 2 | 0 | 0 | 0 | 0 | 0 | 0 | 0 | 0 | 0 | 0 |
| 0 | 0 | 0 | 0 | 0 | 0 | 0 | 0 | 15 | 3 | 0 | 1 | 4 | 0 | 0 | 0 |

Es soll eine mittlere Artenanzahl für ein Quadrat berechnet werden sowie die Standardabweichung. Diese Kennwerte sollen in 5.2 weiterverwendet werden.

Für diese Daten lohnt es sich, eine Häufigkeitsverteilung aufzustellen. Diese erleichtert eine Berechnung der Kennwerte erheblich.

| $x_i$ | $z_i$ | $x_i$ | $z_i$ | $x_i$ | $z_i$ | $x_i$ | $z_i$ |
|---|---|---|---|---|---|---|---|
| 0 | 197 | 1 | 4 | 2 | 4 | 3 | 3 |
| 4 | 5 | 5 | 1 | 7 | 2 | 8 | 4 |
| 9 | 4 | 10 | 2 | 11 | 1 | 12 | 1 |
| 13 | 5 | 14 | 4 | 15 | 2 | 16 | 1 |
| 17 | 1 | 18 | 2 | 19 | 1 | 23 | 1 |
| 24 | 2 | 28 | 1 | 31 | 3 | 34 | 1 |
| 35 | 2 | 42 | 1 | 45 | 1 | | |

## TI-58

Selbstverständlich könnte man alle 256 Werte mit $\underline{\Sigma +}$ in den Rechner eingeben. Gerade in diesem Fall wird aber der Nutzen des Programms ARIHAE deutlich. Man hat sehr viel weniger Daten einzutippen, wenn man von der aufgestellten Häufigkeitsverteilung ausgeht. Die Wahrscheinlichkeit, Fehler bei der Eingabe zu machen, wird dadurch viel geringer. Eine Zeitersparnis erbringt das Aufstellen einer Häufigkeitsverteilung hingegen nicht.

Nach der Eingabe von Programm ARIHAE wird zunächst das RST-Kommando gegeben. Danach Eingabe der Daten wie folgt:

197 x⇌t 0 R/S 4 x⇌t 1 R/S ... 1 x⇌t 34 R/S

Das arithmetische Mittel wird durch den Befehl $\bar{x}$ zur Anzeige gebracht, die Standardabweichung mit der Gewichtung G = n − 1 durch INV $\bar{x}$ (die blinkende Anzeige des Rechners darf den Anwender nicht irritieren, sie kann durch die CE-Taste beseitigt werden) und die Standardabweichung mit der Gewichtung G = n durch INV OP 11 $\sqrt{x}$.

$\bar{x}$ = 3.09765625
s = 7.724308102   G = n − 1
s = 7.709206801   G = n

## PC-1211

Ausgangspunkt für die Dateneingabe ist die aufgestellte Häufigkeitsverteilung. Welchen Vorteil diese gegenüber den Originaldaten bietet, wurde im Abschnitt für den TI-58 schon erläutert.

Programmstart in dem Modus DEF mit RUN. Danach Eingabe der Werte:

0 ENTER 197 ENTER 1 ENTER 4 ENTER ... 1 ENTER 34 ENTER

Anzeige der Resultate auf dem Display nach SHFT B

$\bar{x}$ = 3.09765625
s = 7.724308102   G = n − 1
s = 7.709206801   G = n

Dem kritischen Leser wird sicher schon aufgefallen sein, daß für das Beispiel eigentlich nicht die oben genannten Voraussetzungen gelten. Weil aber $\bar{x}$ und s in Abschnitt 5.2 noch benötigt werden, und es im Prinzip nur um die Demonstration der Programme ging, wurden diese Werte hier verwendet. Ein geeigneteres Beispiel soll nur angedeutet werden:

Es wurde die Resistenz von südamerikanischen Gelbfiebermücken (*Aedes aegypti*) eines Ortes gegen eine bestimmte Konzentration von DDT getestet (*Meyer* unveröffentlicht). Jeweils 100 frisch verpuppte Mücken wurden in einem Testrohr dem Insektizid ausgesetzt. Die Mücken, welche nach dem Giftkontakt eine bestimmte Anzahl von Stunden überlebten, galten als DDT-resistent. Dieser Versuch wurde mehrmals wiederholt. Für diese Daten ist die Berechnung von arithmetischem Mittel und Standardabweichung als Kennwerte gerechtfertigt.

## 3.3 Normalitätsprüfung

*Erforderliche Ausstattung:* Taschenrechner TI-58, PC-1211

*Anwendung in der Ökologie:* Prüfung, ob für bestimmte Meßwerte Normalverteilung vorliegt und damit die Berechnung von arithmetischem Mittel und Standardabweichung (s. Abschnitt 3.2) gerechtfertigt ist.

Bei einer genügend großen Anzahl von Meßdaten geben Anpassungstests eine Entscheidungshilfe, ob die Werte einer normalverteilten Grundgesamtheit entstammen. Programme hierfür existieren sowohl für den TI-58 (*Diepold* 1979) als auch für den PC-1211 (s. Applications Manual, S. 53).

Liegen nur wenige Daten vor, können Schiefe und Exzeß eventuell Anhaltspunkte für den Verteilungstyp geben [1]).

$$S = \frac{\sum_{i=1}^{n} (x_i - \bar{x})^3}{n\, s^3} \qquad \text{Schiefe} \qquad (3\text{-}3)$$

$$E = \frac{\sum_{i=1}^{n} (x_i - \bar{x})^4}{n\, s^4} \qquad \text{Exzeß} \qquad (3\text{-}4)$$

Die Schiefe der Normalverteilung beträgt 0, der Exzeß 3. Die Überprüfung auf Normalverteilung soll beim Vergleich der errechneten Werte mit den theoretischen enden. Ich bin mir zwar bewußt, daß der Test noch weitergeführt werden kann (s. *Linder* 1964 S. 88), möchte aber aus grundsätzlichen Erwägungen auf eine Fortführung verzichten. Je weniger Meßwerte vorhanden sind, desto größer wird die Wahrscheinlichkeit, daß ein „exakter" Test Normal-

---

1) Statistiker z.B.: *Sachs* (1974, S. 83) stellen zwar fest, daß beide Maße nur für Stichprobenumfänge > 100 sinnvoll sind, in der praktischen Anwendung ist aber auch schon für wenige Werte ersichtlich, wenn Normalverteilung auf keinen Fall vorliegt.

verteilung bestätigt. Deshalb soll dem Bearbeiter der Daten die Entscheidung überlassen werden, ob er die Abweichungen von Schiefe und Exzeß von den theoretischen Werten für signifikant hält oder nicht.

## TI-58

Bis zu 40 Daten können mit dem Programm NORMAL auf Schiefe und Exzeß überprüft werden. Die Eingabe der Meßwerte ist einmalig (deshalb die Beschränkung auf maximal 40), ein Anschluß an den Drucker ist nicht notwendig.

Vor Eingabe der Werte wird der Rechner durch die Befehle CMS 10 STO 00 vorbereitet. Die Werte $x_i$ werden mit A eingegeben. Nach Abspeicherung des letzten Wertes wird die Berechnung von Schiefe und Exzeß durch B gestartet. Nach Beendigung der Rechnung können Schiefe und Exzeß durch den RCL-Befehl aus den Datenregistern 8 und 9 abgerufen werden.

## PC-1211

Für die PC-1211-Version des Programms NORMAL gilt die Beschränkung auf 40 Meßwerte nicht, hier können maximal 146 Zahlen eingetippt werden.

In dem Rechner-Modus DEF wird das Programm mit RUN gestartet. Die Daten $x_i$ werden dann mit ENTER abgespeichert. Nach Eingabe des letzten Wertes wird die Berechnung von Schiefe und Exzeß durch SHFT B eingeleitet. Diese werden schließlich auf dem Display angezeigt.

## Flußdiagramm und Programmlisten

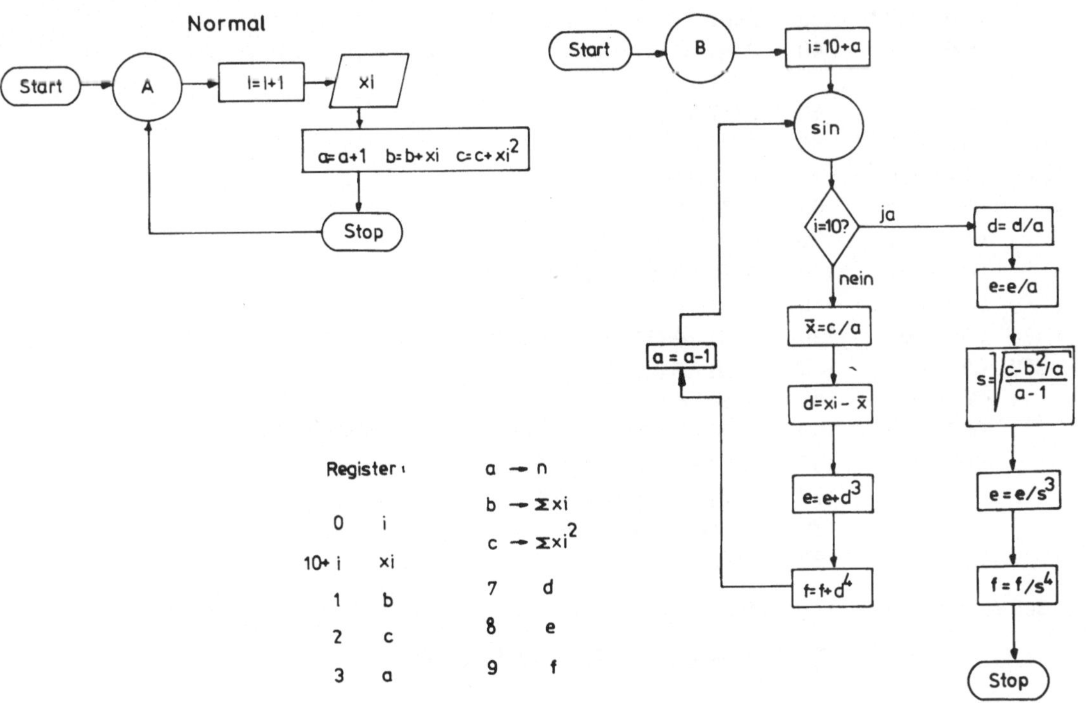

## Programm NORMAL: TI-58

| | | | | | | | | | | | |
|---|---|---|---|---|---|---|---|---|---|---|---|
| 000 | 76 | LBL | 020 | 42 | STO | 040 | 95 | = | 060 | 49 | PRD |
| 001 | 11 | A | 021 | 00 | 00 | 041 | 44 | SUM | 061 | 09 | 09 |
| 002 | 32 | X⇌T | 022 | 76 | LBL | 042 | 08 | 08 | 062 | 22 | INV |
| 003 | 01 | 1 | 023 | 38 | SIN | 043 | 43 | RCL | 063 | 79 | $\bar{x}$ |
| 004 | 44 | SUM | 024 | 01 | 1 | 044 | 07 | 07 | 064 | 65 | × |
| 005 | 00 | 00 | 025 | 00 | 0 | 045 | 33 | X² | 065 | 33 | X² |
| 006 | 32 | X⇌T | 026 | 32 | X⇌T | 046 | 33 | X² | 066 | 95 | = |
| 007 | 72 | ST* | 027 | 43 | RCL | 047 | 95 | = | 067 | 35 | 1/X |
| 008 | 00 | 00 | 028 | 00 | 00 | 048 | 44 | SUM | 068 | 49 | PRD |
| 009 | 78 | Σ+ | 029 | 67 | EQ | 049 | 09 | 09 | 069 | 08 | 08 |
| 010 | 91 | R/S | 030 | 39 | COS | 050 | 97 | DSZ | 070 | 55 | ÷ |
| 011 | 81 | RST | 031 | 73 | RC* | 051 | 00 | 00 | 071 | 22 | INV |
| 012 | 76 | LBL | 032 | 00 | 00 | 052 | 38 | SIN | 072 | 79 | $\bar{x}$ |
| 013 | 12 | B | 033 | 75 | - | 053 | 76 | LBL | 073 | 95 | = |
| 014 | 01 | 1 | 034 | 79 | $\bar{x}$ | 054 | 39 | COS | 074 | 49 | PRD |
| 015 | 00 | 0 | 035 | 95 | = | 055 | 43 | RCL | 075 | 09 | 09 |
| 016 | 85 | + | 036 | 42 | STO | 056 | 03 | 03 | 076 | 25 | CLR |
| 017 | 43 | RCL | 037 | 07 | 07 | 057 | 35 | 1/X | 077 | 91 | R/S |
| 018 | 03 | 03 | 038 | 65 | × | 058 | 49 | PRD | 078 | 81 | RST |
| 019 | 95 | = | 039 | 33 | X² | 059 | 08 | 08 | 079 | 00 | 0 |

## Programm NORMAL: PC-1211

| | | | |
|---|---|---|---|
| | | 10 | CLEAR: A(1)=10 |
| A | 000–005 | 20 | A(1)=A(1)+1 |
| | 006–008 | 30 | INPUT "XI : "; A(A(1)) |
| | 009–009 | 40 | A(4)=A(4) + 1: A(2)=A(2)+A(A(1)): A(3)= A(3)+ ABS(A(A(1)))↑2 |
| | 010–011 | 50 | GOTO 20 |
| B | 012–021 | 60 | A(1)=10+A(4) |
| SIN | 022–030 | 70 | IF A(1)=10 THEN 130 |
| | 034–034 | 80 | A(5)=A(2)/A(4) |
| | 031–037 | 90 | A(7)= A(A(1)) – A(5) |
| | 038–042 | 100 | A(8)=A(8)+A(7) * ABS(A(7))↑2 |
| | 043–049 | 110 | A(9)=A(9)+ABS(A(7))↑4 |
| | 050–052 | 120 | A(1)=A(1)–1: GOTO 70 |
| COS | 053–059 | 130 | A(8)=A(8)/A(4) |
| | 060–061 | 140 | A(9)=A(9)/A(4) |
| | 062–063 | 150 | A(6)=SQR((A(3)–ABS(A(2))↑2/A(4))/(A(4)– 1)) |
| | 062–069 | 160 | A(8)= A(8)/A(6)↑3 |
| | 070–075 | 170 | A(9)=A(9)/A(6)↑4 |
| | | 180 | PRINT A(8), A(9) |
| | 076–078 | 190 | END |

Bei Verwendung eines größeren Computers muß folgende Zeile hinzugefügt werden:

35 IF A(A(1)) = 777.777 THEN 60

**Beispiel**

An 4 Blütenattrappen A, B, C und D wurde mehrmals die Zahl der Anflüge von Blütenbesuchern in einer bestimmten Zeiteinheit gezählt (*Mühlenberg* 1976, S. 85). Es sind die Beobachtungswerte der 4 Kategorien jeweils auf Normalverteilung zu überprüfen:

| A | B | C | D |
|---|---|---|---|
| 20 | 31 | 9 | 32 |
| 28 | 29 | 15 | 22 |
| 44 | 31 | 11 | 22 |
| 36 | 27 | 8 | 16 |
| 29 | 34 | 12 | 27 |
| 33 | | 8 | 19 |
| 31 | | 14 | |
| 34 | | | |

## TI-58

Eingabe des Programms NORMAL

20 A 28 A ... 34 A B RCL 08 RCL 09

Entsprechend die Werteeingabe für B, C und D

| A | B | C | D | |
|---|---|---|---|---|
| 0.04 | 0.06 | 0.19 | 0.34 | Schiefe |
| 2.30 | 1.32 | 1.15 | 1.47 | Exzeß |

## PC-1211

Das Programm NORMAL wird im Rechner-Modus DEF mit RUN gestartet. Danach Eingabe der Werte:

20 ENTER 28 ENTER ... 34 ENTER SHFT B

Die Daten von B, C und D werden in gleicher Weise eingetippt. Die Resultate entsprechen den TI-58-Ergebnissen.

Aufgrund der Schiefen läßt sich feststellen, daß alle vier Verteilungen quasi symmetrisch sind. Abgesehen von A sind sie allerdings sehr flach. Wenn man davon ausgeht, daß zur Annahme oder Ablehnung der These, daß eine empirische Verteilung normal sei, in erster Linie die Schiefe bewertet wird, dann kann man davon ausgehen, daß u.U. Normalverteilung vorliegt.

# 3.4 Vertrauensbereiche für $\mu$ einer Normalverteilung unter Verwendung der Standardabweichung s als Schätzwert von $\sigma$

*Erforderliche Ausstattung:* Taschenrechner TI-58, PC-1211

*Anwendung in der Ökologie:* Test von Meßreihen auf Unterschiedlichkeit. Alternative zur geläufigen Kombination von F- und t-Test. (Gilt nur für normalverteilte Meßreihen.)

Konfidenzintervalle können zum Überprüfen von Hypothesen verwendet werden (*Weber* 1972, S. 232). Beim Prüfen der Hypothese $H_0$ ($\theta = \theta_0$) ermittelt man aus den Beobachtungsdaten ein Konfidenzintervall und lehnt $H_0$ ab, wenn $\theta_0$ außerhalb des Intervalls liegt. Gehört $\theta_0$ dem Intervall an, kann $H_0$ angenommen werden.

Für den Vergleich zweier Mittelwerte wird in der Regel die Kombination F- und t-Test verwendet. Für den Vergleich mehrerer Wertegruppen bedient man sich der einfachen Varianzanalyse. Ausgehend von der Voraussetzung, daß man mit Hilfe von Konfidenzintervallen Signifikanztests durchführen kann, soll hier eine Methode des Mittelwertvergleichs vorgeführt werden, die von den gängigen Verfahren abweicht. Gegeben sei eine Gruppe von Meßwerten $M_1$ und eine andere Gruppe $M_2$. Die Daten aus $M_1$ gehören zu einer Grundgesamtheit mit $\mu_1$, der Grundgesamtheit von $M_2$ ist ein Mittelwert $\mu_2$ zuzuordnen. Aus den Meßwerten von $M_1$ kann ein Konfidenzintervall für $\mu_1$ berechnet werden, entsprechendes gilt für $M_2$ bzw. $\mu_2$. Man erhält also zwei Konfidenzintervalle. Überlappen sich diese *nicht,* so kann davon ausgegangen werden, daß $X_1$ und $X_2$ verschiedenen Grundgesamtheiten angehören. Andererseits indiziert aber eine Überlappung der beiden Konfidenzintervalle nicht unbedingt die Zugehörigkeit von $X_1$ und $X_2$ zur gleichen Grundgesamtheit (*Sachs* 1974, S. 215).

Es soll angenommen werden, daß mehr als zwei Wertegruppen existieren, also $M_1, M_2, \ldots,$ $M_n$. Für diese lassen sich Konfidenzintervalle zu $\mu_1, \mu_2, \ldots, \mu_n$ bilden. Der Test soll als beendet gelten, wenn mindestens zwei Konfidenzintervalle sich nicht überlappen.

Sofern deutliche Unterschiede (d.h. Nichtüberlappung der Vertrauensgrenzen für $\mu$) zu erkennen sind, gibt diese Methode bessere Informationen, als die Varianzanalyse in ihrer standardmäßigen Form (daß aus der Varianzanalyse mehr Information gewonnen werden kann, zeigt z.B. *Weber* 1972). Die konventionelle Varianzanalyse zeigt lediglich an, ob die Mittelwerte der Wertegruppen zur selben Grundgesamtheit gehören oder nicht. Die Konfidenzintervalle zeigen hingegen unter Umständen an, welche Mittelwerte sich gegenseitig ausschließen. Kann mit Hilfe der Konfidenzintervalle die Nullhypothese (d.h. alle Mittelwerte gehören der gleichen Grundgesamtheit an) nicht widerlegt werden, muß eine Varianzanalyse zusätzlich durchgeführt werden.

Nach *Kreyszig* (1970) berechnet man ein Konfidenzintervall für $\mu$ auf folgende Weise:

1. Wahl einer Konfidenzzahl $\gamma$ (95 %, 99 %)
2. Lösung der Gleichung $F(c) = 1/2\,(1 + \gamma)$ mit Tabelle der t-Verteilung mit $n-1$ Freiheitsgraden (Tabelle 1 Anhang).
3. Bestimmen des Konfidenzintervalls:

$$\{\bar{x} - c \cdot s/\sqrt{n} \leqslant \mu \leqslant \bar{x} + c \cdot s/\sqrt{n}\}$$

## TI-58

Vertrauensbereiche für $\mu$ können mit Programm KONFMY berechnet werden. Der Meßwert $x_1$ wird mit A' eingegeben. Alle weiteren Meßwerte $x_i$ werden mit A eingetippt. Nach Eingabe aller n Werte (n wird auf dem Display angezeigt) wird mit c B (c = Tabellenwert der t-Verteilung) die Berechnung der Vertrauensbereiche gestartet. Zunächst kann der obere Grenzwert auf dem Display abgelesen werden, mit R/S wird der untere Grenzwert zur Anzeige gebracht.

Wurden für die Meßdaten schon früher n, $\Sigma x$ und $\Sigma x^2$ berechnet, können diese drei Werte direkt für die Berechnung des Konfidenzintervalls verwendet werden. Der Anwender muß bedenken, daß diese Werte bei Berechnung von arithmetischem Mittel und Standardabweichung in den Datenregistern 1–3 gespeichert vorliegen. Statt der Meßwerte wird jetzt die Befehlsfolge n C $\Sigma x$ R/S $\Sigma x^2$ R/S eingegeben. Die Abspeicherung von c und die Anzeige der Grenzen wurde schon oben abgehandelt.

## PC-1211

In dem Rechner-Modus DEF wird das Programm mit RUN gestartet. Alle Meßwerte $x_i$ werden mit ENTER eingetippt. Nach Beendigung der Dateneingabe wird die Berechnung der Konfidenzintervalle mit SHFT B eingeleitet. Zunächst wird auf dem Display die Anzahl der Meßwerte angezeigt, danach wird c (c = Tabellenwert der t-Verteilung) ENTER eingegeben. Zunächst wird auf dem Display der obere Grenzwert angezeigt, mit ENTER wird der untere Grenzwert aufs Display gebracht. Sofern für die Meßdaten schon vorher n, x und $x^2$ berechnet wurden, können diese Werte auch bei Benutzung des PC-1211 direkt für die Bestimmung des Konfidenzintervalls verwendet werden. Das Programm wird nun mit SHFT C gestartet. Die Werte n, x und $x^2$ werden dann in den Rechner mit ENTER eingetippt. Die Abspeicherung von c und die Anzeige der Konfidenzintervalle verläuft nach obiger Darstellung.

### Flußdiagramm und Programmtexte

Konfmy

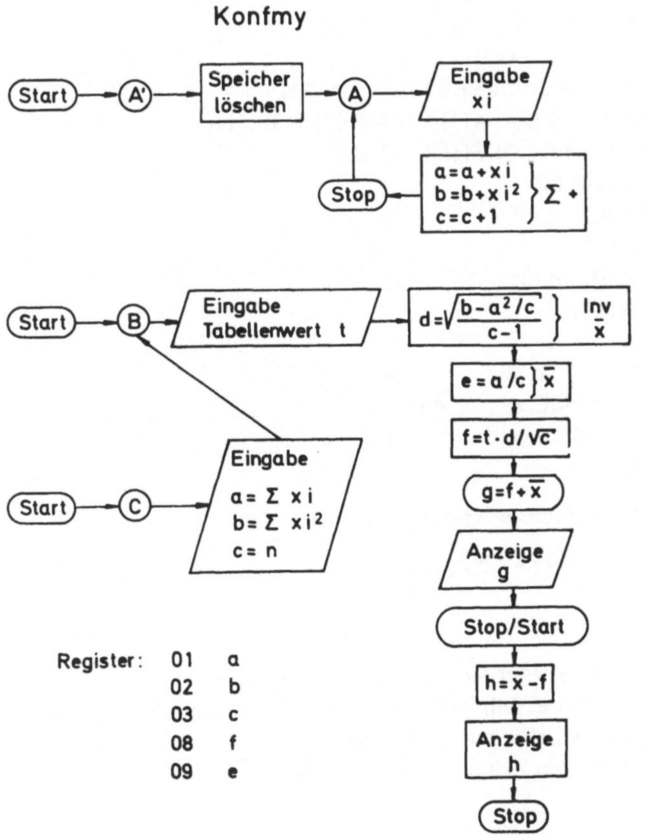

## Programm KONFMY: TI-58

```
000  76 LBL
001  16 A'
002  47 CMS
003  76 LBL
004  11  A
005  78 Σ+
006  92 RTN
007  76 LBL
008  12  B
009  65  ×
010  22 INV
011  79  x̄
012  55  ÷
013  43 RCL
014  03  03
015  34 ΓX
016  95  =
017  42 STO
018  08  08
019  79  x̄
020  42 STO
021  09  09
022  85  +
023  43 RCL
024  08  08
025  95  =
026  91 R/S
027  43 RCL
028  09  09
029  75  -
030  43 RCL
031  08  08
032  95  =
033  92 RTN
034  16 A'
035  76 LBL
036  13  C
037  42 STO
038  03  03
039  91 R/S
040  42 STO
041  01  01
042  91 R/S
043  42 STO
044  02  02
045  92 RTN
046  12  B
```

## Programm KONFMY: PC-1211

| | | |
|---|---|---|
| A' | 000–002 | 10 CLEAR |
| A | 003–006 | 20 INPUT "XI : "; A(11) |
| | 003–006 | 30 A(1)=A(1)+A(11) |
| | 003–006 | 40 A(2)=A(2)+A(11)↑2 |
| | 003–006 | 50 A(3)=A(3)+1 |
| | | 60 GOTO 20 |
| B | 007–008 | 70 PRINT "DF = "; A(3) |
| | | 80 INPUT "TABELLENWERT T: "; A(11) |
| | 010–011 | 90 A(10)=SQR((A(2)−A(1)↑2/A(3))/(A(3)−1)) |
| | 009–018 | 100 A(8)=A(11) * A(10)/SQR(A(3)) |
| | 019–021 | 110 A(9)=A(1)/A(3) |
| | 019–025 | 120 A(11)=A(8)+A(9) |
| | 026–026 | 130 PRINT A(11) |
| | 027–032 | 140 A(11)=A(9)−A(8) |
| | 033–033 | 150 PRINT A(11) |
| | | 160 END |
| C | 035–038 | 170 INPUT "N: "; A(3) |
| | 039–041 | 180 INPUT "SUMME XI: "; A(1) |
| | 042–044 | 190 INPUT "SUMME XI↑2: "; A(2) |
| | 046–046 | 200 GOTO 80 |

Folgende Ergänzung muß bei anderen Computern programmiert werden:

```
25 IF A(11)=777.777 THEN 70
```

### Beispiel 1

Das Beispiel des Abschnitts 3.3 wird hier wieder aufgegriffen. Aufgrund der Überlappungen bzw. Nichtüberlappungen der Konfidenzintervalle der Mittelwerte soll herausgefunden werden, ob die 4 Blütenattrappen unterschiedliche Attraktion auf Besucher ausüben (d.h. ob die Mittelwerte der Anflüge in einer bestimmten Zeiteinheit sich signifikant unterscheiden).

## TI-58

Nach Eingabe des Programms werden die Daten eingegeben (Demonstration für die erste Wertegruppe)

20 A' 28 A 44 A ... 34 A 2.37 ($t_{0.975,7}$) B ...

Die Konfidenzintervalle für die mittlere Anzahl der Anflüge der einzelnen Blütenattrappen:

| A | B | C | D |
|---|---|---|---|
| 37.67 | 33.64 | 13.62 | 29.01 |
| 26.08 | 27.16 | 8.38 | 16.99 |

Man erkennt deutlich, daß Attrappe C signifikant unattraktiver auf Insekten wirkt als die übrigen drei. Ob A, B und D sich in dieser Hinsicht unterscheiden, muß durch eine einfache Varianzanalyse geklärt werden.

## PC-1211

In dem Rechner-Modus DEF werden die Werte wie folgt eingetippt:

RUN ENTER 20 ENTER 28 ENTER 44 ENTER ... 34 ENTER
SHFT B 2.37 ENTER

Die resultierenden Konfidenzintervalle entsprechen den oben angegebenen.

## Beispiel 2

An 3 Schmetterlingspopulationen wurden die Flügelspannweiten gemessen. Die Meßwerte liegen in Form von Häufigkeitsverteilungen vor (*Mühlenberg* 1976, S. 83). Anhand von Konfidenzintervallen für die Mittelwerte sollen eventuelle Unterschiede zwischen den 3 Populationen herausgefunden werden.

| Flügelspannweite mm | Popul. A Indiv. Z. | Popul. B Indiv. Z. | Popul. C Indiv. Z. |
|---|---|---|---|
| 37 | | 1 | |
| 38 | | 1 | |
| 39 | | 2 | 1 |
| 40 | | 3 | 4 |
| 41 | 1 | 2 | 6 |
| 42 | 3 | 3 | 12 |
| 43 | 6 | 6 | 8 |
| 44 | 12 | 6 | 3 |
| 45 | 8 | 4 | 1 |
| 46 | 4 | 2 | |
| 47 | 1 | 2 | |
| 48 | | 1 | |
| 49 | | 1 | |
| 50 | | 1 | |

Mit Hilfe des Programms ARIHAE (Abschnitt 3.2) wurden für jede Population die Werte n, $\Sigma x_i$ und $\Sigma x_i^2$ errechnet. Diese werden für die Berechnung der Konfidenzintervalle weiterverwendet.

| | A | B | C |
|---|---|---|---|
| n | 35 | 35 | 35 |
| $\Sigma x_i$ | 1544 | 1516 | 1470 |
| $\Sigma x_i^2$ | 68172 | 65974 | 61800 |

## TI-58

Nach Programmeingabe werden die Summendaten wie folgt eingetippt (Demonstration für Population A):

35 C 1544 R/S 68172 R/S 2.03 ($t_{0.975,34}$) R/S R/S

| | A | B | C |
|---|---|---|---|
| obere Grenze | 44.57 | 44.34 | 42.46 |
| untere Grenze | 43.66 | 42.28 | 41.54 |

Ein Unterschied zwischen den Populationen A und C ist signifikant, jedoch kann durch Konfidenzintervallvergleiche kein Unterschied zwischen A und B sowie B und C festgestellt werden.

## PC-1211

In Rechner-Modus DEF wird der Lauf mit SHFT C gestartet. Danach Eingabe der Werte (Demonstration für Population A): 35 ENTER 1544 ENTER 68172 ENTER 2.03 ENTER. Die Konfidenzintervalle für die 3 Populationen wurden schon oben angegeben.

## 3.5 Medianschätzung, Häufigkeitsverteilung und Quantile

*Erforderliche Ausstattung:* Taschenrechner TI-58 (Drucker wünschenswert),
Taschenrechner PC-1211

*Anwendung in der Ökologie:* Eine Analyse von Meßwerten mit diesem Programm sollte dann durchgeführt werden, wenn gegen die Berechnung von arithmetischem Mittel und Stardardabweichung Bedenken vorzubringen sind (s. Abschnitt 3.3).

Arithmetisches Mittel und Standardabweichung sollten nicht unkritisch auf jeden Datensatz angewandt werden. Sofern über die Verteilung der Daten keine Anhaltspunkte vorliegen, hilft unter Umständen die Bestimmung des Zentralwertes oder Medians als Mittelwert weiter.

Es handelt sich um den Wert, der die nach der Größe geordnete Reihe der Einzelwerte halbiert.

Zur Beurteilung einer empirischen Verteilung, können außerdem sogenannte Centilen herangezogen werden. Es handelt sich hierbei um Grenzen, unterhalb derer ein bestimmter Prozentsatz der Verteilung liegt.

Liegen die Daten bereits in einer Häufigkeitsverteilung vor, erweist sich die Verwendung eines programmierbaren Taschenrechners als überflüssig. Ebenfalls kann man auf den Rechner verzichten, wenn es kaum Mühe bereitet, die Daten nach Größe der Einzelwerte zu sortieren.

Bei Einsatz des TI-58 oder des PC-1211 werden die Daten in 30 Klassen eingeordnet. Da die Daten nicht sortiert werden, ist eine exakte Bestimmung des Medians nicht möglich. Lediglich die Klassengrenzen, innerhalb derer sich der Median befindet, werden deshalb angegeben. Um die Auswirkung von Ausreißern auf die Klassenbreiten zu verringern, werden die Daten zunächst logarithmiert und dann klassifiziert.

Mit Hilfe von Quantilen ist es möglich, Information über Schiefe und Exzeß einer Verteilung zu erhalten (*Sachs* 1974, S. 82). Die drei Werte, welche eine Häufigkeitsverteilung in 4 gleiche Teile zerlegen, werden als Quartile bezeichnet. Quartil 2 (abgekürzt $Q_2$) entspricht dem Median. $Q_1$ ist der n/4-te der nach Größe geordneten Meßwerte. Entsprechend ist $Q_3$ der n3/4-te Werte der größenmäßig geordneten Daten.

Die 9 Werte, welche eine Häufigkeitsverteilung in 10 gleiche Teile zerlegen, werden Dezile genannt. Hier sollen nur Dezil 1 ($DZ_1$) und Dezil 9 ($DZ_9$) interessieren.

Schiefe und Exzeß lassen sich nun folgendermaßen berechnen:

$$\text{Schiefe} \quad S = \frac{Q_3 + Q_1 - 2\,Q_2}{Q_3 - Q_1} \tag{3-5}$$

$$\text{Exzeß} \quad E = \frac{Q_3 - Q_1}{2\,(DZ_9 - DZ_1)} \tag{3-6}$$

Bei einer symmetrischen Verteilung wird $S = 0$. Die Normalverteilung hat den Exzeß $E = 0.263$.

Durch leichte noch zu erläuternde Programmanipulationen können für Quartile und Dezile aus der angelegten Häufigkeitsverteilung obere und untere Klassengrenzen abgeschätzt werden. Aus oberer und unterer Klassengrenze wird das geometrische (!) Mittel gebildet und dieses als gesuchtes Centil angesehen.

Sofern der untere Grenzwert $\geqslant 1$ ist, werden beide Werte logarithmiert und arithmetisch gemittelt. Von dem Resultat wird sodann der Antilogarithmus errechnet.

Wenn aber der untere Grenzwert $< 1$ ist, werden die Grenzwerte $x_O$ und $x_U$ folgendermaßen transformiert:

$$x_U^* = 1 \tag{3-7}$$

$$x_O^* = x_O - x_U + 1 \tag{3-8}$$

Aus $x_U^*$ und $x_O^*$ wird dann das geometrische Mittel gebildet. Das wahre geometrische Mittel erhält man durch folgende Rücktransformation:

$$\bar{x}_{geom.} = \bar{x}^*_{geom.} + x_U - 1 \tag{3-9}$$

Die gefundenen Schätzwerte für die entsprechenden Centile werden dann in die Gleichungen (3-5) und (3-6) eingesetzt und S sowie E per Hand (also ohne spezielles Programm) ausgerechnet.

## TI-58

Nach Eingabe des Programms MEDIAN werden zunächst minimaler und maximaler Wert eingegeben:

$x_{MIN}$ <u>A'</u> $x_{MAX}$ <u>R/S</u>

Diese beiden Werte müssen nicht unbedingt zu den Meßdaten gehören, sie können auch weit außerhalb der Werteverteilung liegen (wichtig beim Vergleich von Häufigkeitsverteilungen). $x_{MIN}$ kann negativ sein, ebenso $x_{MAX}$. Negative Meßwerte werden dann so transformiert, daß anschließendes Logarithmieren möglich ist. Nach den Extremwerten werden die Einzelwerte eingetippt.

$x_i$ A (i = 1, n)

Nach Beendigung dieser Prozedur wird eine Schätzung des Medians errechnet. Dieser Schritt wird durch die Taste B eingeleitet. Die Grenzen der Medianklasse werden daraufhin gedruckt. Eine Ausdruck der Häufigkeitsverteilung (mit Klassengrenzen) erhält man durch den Befehl C.

Falls ein Drucker nicht zur Verfügung steht, müssen die PRT-Anweisungen in dem Programm durch R/S ersetzt werden.

Die Abschätzung der Quantile in ihren Grenzen wird durch folgende Operation vorbereitet:

GTO 050 RCL 36 * $c_x$ = R/S ($c_x$ = Quantil)

Das Ausdrucken (oder Anzeigen) der Klassengrenzen erfolgt entsprechend dem Output der Medianschranken.

Werte für $c_x$:

$Q_1 = 1/4$
$Q_2 = 3/4$
$DZ_1 = 1/10$
$DZ_9 = 9/10$

## PC-1211

In dem Modus DEF wird das Programm mit RUN gestartet. Zunächst werden minimaler und maximaler Wert sowie $x_1$ eingetippt.

$x_{MIN}$ ENTER $x_{MAX}$ ENTER $x_1$ ENTER

Die Anzeige einer Quantilklasse wird wie folgt eingeleitet:

SHFT A $x_i$ (i=2,n) ENTER

Nach Beendigung der Dateneingabe wird eine Schätzung des Medians durch Bedienen der SHFT B-Taste eingeleitet. Obere und untere Grenze der Medianklasse werden auf dem Display angezeigt.

Nach SHFT C wird die Häufigkeitsverteilung (mit Klassengrenzen) auf dem Display angezeigt.

Die Anzeige einer Quantilklasse wird wie folgt eingeleitet:

A(42)=A(37)*$c_x$ ENTER
RUN 80 ENTER

Die Klassengrenzen werden sodann auf dem Display angezeigt.

## Flußdiagramm und Programmlisten

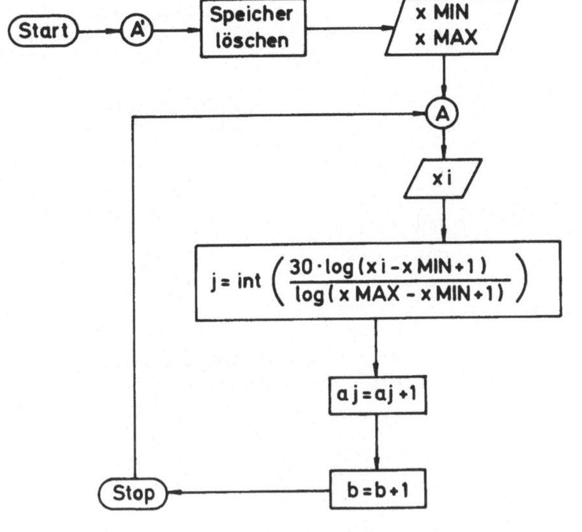


Teil 1: Dateneingabe

Register

| | | |
|---|---|---|
| 0-29 | Array | a |
| 34 | | d |
| 35 | | e |
| 36 | | b |
| 37 | | j |
| 38 | | x MIN |
| 39 | | x MAX |

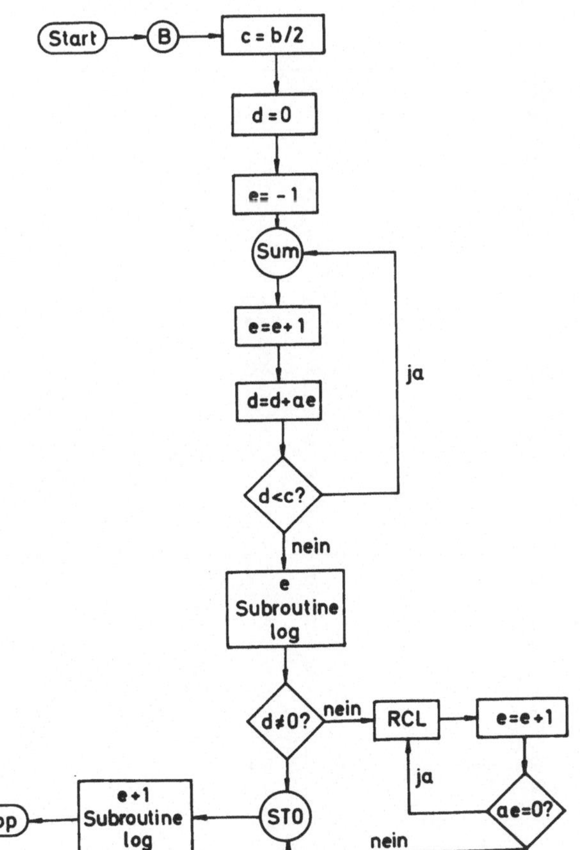


Teil 2:

Medianschätzung

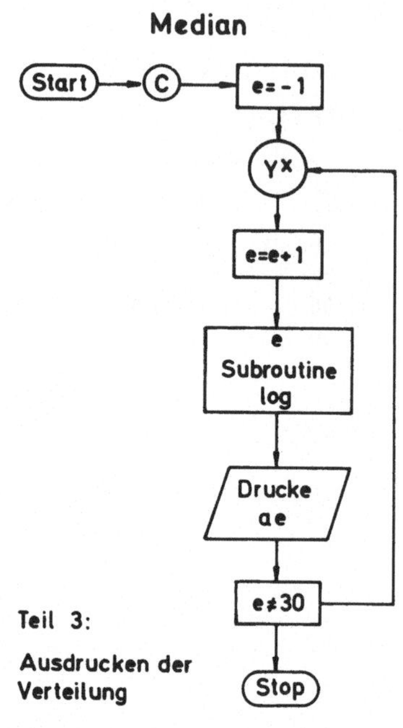


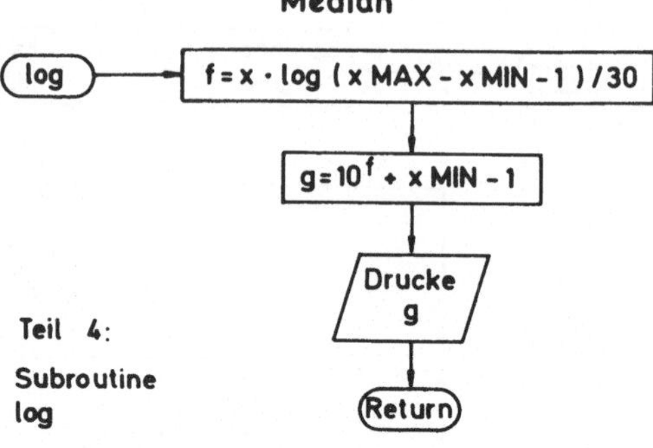


x wird bei Aufruf der Subroutine durch aktuellen Parameter ersetzt.

## Programm MEDIAN: TI-58

```
000  76 LBL
001  16 A'
002  47 CMS
003  42 STO
004  38  38
005  91 R/S
006  42 STO
007  39  39
008  91 R/S
009  76 LBL
010  11  A
011  75  -
012  43 RCL
013  38  38
014  85  +
015  01  1
016  95  =
017  28 LOG
018  65  x
019  03  3
020  00  0
021  55  ÷
022  53  (
023  43 RCL
024  39  39
025  75  -
026  43 RCL
027  38  38
028  85  +
029  01  1
030  54  )
031  28 LOG
032  95  =
033  59 INT
034  42 STO
035  37  37
036  01  1
037  74 SM*
038  37  37
039  44 SUM
040  36  36
041  91 R/S
042  11  A
043  76 LBL
044  12  B
045  43 RCL
046  36  36
047  55  ÷
048  02  2
049  95  =
050  32 X:T
051  00  0
052  42 STO
053  34  34
054  01  1
055  94 +/-
056  42 STO
057  35  35
058  76 LBL
059  44 SUM
060  01  1
061  44 SUM
062  35  35
063  73 RC*
064  35  35
065  44 SUM
066  34  34
067  43 RCL
068  34  34
069  22 INV
070  77  GE
071  44 SUM
072  43 RCL
073  35  35
074  71 SBR
075  28 LOG
076  29 CP
077  43 RCL
078  34  34
079  22 INV
080  67  EQ
081  42 STO
082  76 LBL
083  43 RCL
084  01  1
085  44 SUM
086  35  35
087  73 RC*
088  35  35
089  67  EQ
090  43 RCL
091  76 LBL
092  42 STO
093  43 RCL
094  35  35
095  85  +
096  01  1
097  95  =
098  71 SBR
099  28 LOG
100  91 R/S
101  81 RST
102  76 LBL
103  28 LOG
104  65  x
105  53  (
106  43 RCL
107  39  39
108  75  -
109  43 RCL
110  38  38
111  85  +
112  01  1
113  54  )
114  28 LOG
115  55  ÷
```

```
116  03   3
117  00   0
118  95   =
119  22  INV
120  28  LOG
121  85   +
122  43  RCL
123  38   38
124  75   -
125  01   1
126  95   =
127  99  PRT
128  92  RTN
129  76  LBL
130  13   C
131  01   1
132  94  +/-
133  42  STO
134  35   35
135  03   3
136  00   0
137  32  X:T
138  76  LBL
139  45  YX
140  01   1
141  44  SUM
142  35   35
143  43  RCL
144  35   35
145  71  SBR
146  28  LOG
147  73  RC÷
148  35   35
149  99  PRT
150  98  ADV
151  43  RCL
152  35   35
153  22  INV
154  67   EQ
155  45  YX
156  91  R/S
157  29  CP
158  81  RST
```

## Programm MEDIAN: PC-1211

| | | | |
|---|---|---|---|
| A′ | 000–008 | 10 | CLEAR: INPUT"XMIN, XMAX: "; A(39), A(40) |
| A | 009–010 | 20 | INPUT"XI: "; A(41) |
| | 011–035 | 30 | A(38)=INT(30* LOG(A(41)–A(39)+1)/LOG(A(40)–A(39)+1))+1 |
| | 036–038 | 40 | A(A(38))=A(A(38))+1 |
| | 039–040 | 50 | A(37)=A(37)+1 |
| | 041–041 | 60 | END |
| B | 042–050 | 70 | A(42)=A(37)/2 |
| | 051–053 | 80 | A(35)=0 |
| | 054–057 | 90 | A(36)=0 |
| SUM | 058–062 | 100 | A(36)=A(36)+1 |
| | 063–066 | 110 | A(35)=A(35)+A(A(36)) |
| | 067–071 | 120 | IF A(35)<A(42) THEN 100 |
| | 072–073 | 130 | A(43)=A(36) |
| | 074–075 | 140 | GOSUB 280 |
| | 076–081 | 150 | IF A(35)<>0 THEN 180 |
| RCL | 082–086 | 160 | A(36)=A(36)+1 |
| | 087–090 | 170 | IF A(A(36))=0 THEN 160 |
| STO | 091–097 | 180 | A(43)=A(36)+1 |
| | 098–099 | 190 | GOSUB 280 |
| | 100–101 | 200 | END |
| C | 129–134 | 210 | A(36)=0 |
| YX | 138–142 | 220 | A(36)=A(36)+1 |
| | 143–144 | 230 | A(43)=A(36) |
| | 145–146 | 240 | GOSUB 280 |
| | 147–150 | 250 | PRINT A(A(36)) |
| | 135–137 | | |
| | 151–155 | 260 | IF A(36)<>31 THEN 220 |
| | 156–158 | 270 | END |
| LOG | 102–118 | 280 | A(44)=(A(43)–1)* LOG(A(40)–A(39)+1)/30 |
| | 119–126 | 290 | A(45)=10↑A(44)+A(39)–1 |
| | 127–127 | 300 | PRINT A(45) |
| | 128–128 | 310 | RETURN |

Bei Verwendung von größeren Computern muß die Zeile 200 gestrichen und Zeile 60 folgendermaßen geändert werden:

```
60  INPUT "ENDE DER WERTEEINGABE=1 SONST
    0 "; A(41): IF A(41)=0 THEN 20
```

## Beispiel

Bei einer Erforschung von Zoobenthosbeständen zwischen Jade- und Wesermündung (*Meyer, Michaelis* 1980) wurden u.a. auch 53 Stationen eingehender untersucht, die gemäß ihrer Physiognomie zu den „Dunklen Sanden" gestellt werden können. Diese 53 Stationen enthalten nachfolgende Makrobenthosbiomassen (g Frischgewicht/m$^2$)[1]:

391.2, 221.6, 340.8, 569.6, 173.6, 1058, 1209, 5.6, 58.8, 693.6, 117.9, 1442.7, 154.9, 156, 635.8, 2057.7, 307.5, 113.3, 252, 34.4, 346.4, 154.4, 804, 5965, 439.3, 1061.2, 2636, 4156.8, 11.2, 903.2, 24, 124.8, 194.4, 5.6, 16.8, 2.3, 18.4, 76.8, 116.8, 389.6, 336, 449.6, 1047.2, 352.6, 3.2, 122.4, 9.2, 3712.2, 4.6, 1626.1, 2429.9, 9.2, 402.3

Die Verteilung dieser Werte soll aufgestellt werden. Zusätzlich soll der Rechner die Klasse, welche den Median enthält, anzeigen.

## TI-58

Nach Eingabe von MEDIAN wird O als Minimum und 6000 als Maximum eingegeben:

0 A' 6000 R/S

Danach werden die Einzelwerte mit A eingetippt, also 391.2 A 221.6 A usw. Die Medianklasse wird nach Bedienung der B-Taste ausgedruckt, C initiiert den Druck der Gesamtverteilung.

**Medianklasse**

```
246.1012621
329.2294119
```

**Ausdruck der Gesamtverteilung**
(Anzahl der Meßwerte und Klassengrenzen)

| | | | | | | | | |
|---|---|---|---|---|---|---|---|---|
| 0.<br>0. | Klasse 1 | | 1.386834808<br>0. | Klasse 4 | | 4.696980401<br>2. | Klasse 7 | |
| .3364132953<br>0. | Klasse 2 | | 2.189797771<br>2. | Klasse 5 | | 6.61352035<br>0. | Klasse 8 | |
| .7860004958<br>0. | Klasse 3 | | 3.26288815<br>1. | Klasse 6 | | 9.17480982<br>3. | Klasse 9 | |

---

1) Ein äquivalentes Beispiel aus der terrestrischen Ökologie wäre die Verteilung von Regenwürmern (g Frischgewicht/m$^2$) in einem bestimmten Biotop.

| Schranke | Anzahl | Klasse |
|---|---|---|
| 12.59775112 | 1. | Klasse 10 |
| 17.17221538 | 1. | Klasse 11 |
| 23.28559024 | 1. | Klasse 12 |
| 31.45558569 | 1. | Klasse 13 |
| 42.37407622 | 0. | Klasse 14 |
| 56.96560213 | 1. | Klasse 15 |
| 76.46612163 | 1. | Klasse 16 |
| 102.5267549 | 5. | Klasse 17 |
| 137.3545316 | 4. | Klasse 18 |
| 183.8988355 | 2. | Klasse 19 |
| 246.1012621 | 2. | Klasse 20 |
| 329.2294119 | 8. | Klasse 21 |
| 440.3229766 | 2. | Klasse 22 |
| 588.7898935 | 2. | Klasse 23 |
| 787.200055 | 3. | Klasse 24 |
| 1052.365042 | 3. | Klasse 25 |
| 1406.731047 | 2. | Klasse 26 |
| 1880.310488 | 2. | Klasse 27 |
| 2513.208348 | 1. | Klasse 28 |
| 3359.021464 | 2. | Klasse 29 |
| 4489.377356 | 1. | Klasse 30 |
| 6000. | 0. | |

Berechnung von Quartil 1:

GTO 050 RCL 36 * 1/4 = R/S

Der Rechner zeigt die Schrankenwerte 76.46612163 und 102.5267549 an. Aus diesen wird das geometrische Mittel gebildet:

76.47 log + 102.53 log = ÷ 2 = INV log

$Q_1$ = 88.54 $Q_2$ = 284.65 $Q_3$ = 910.18
$DZ_1$ = 10.75 $DZ_9$ = 2173.85

S = 0.52
E = 0.19

## PC-1211

Nach Eingabe des Programms MEDIAN Umschalten auf Rechner-Modus DEF und Start mit RUN. Sodann werden minimaler Wert (0) und maximaler Wert (6000) sowie $x_1$ (391.2) mit ENTER eingetippt. Die Eingabe der weiteren Daten wird sodann mit SHFT A 221.6 ENTER SHFT A 340.8 ENTER ... SHFT A 402.3 ENTER fortgeführt.

Nach SHFT B werden Ober- und Untergrenze der Medianklasse auf dem Display zur Anzeige gebracht.

SHFT C initiiert die Anzeige der Verteilung auf dem Display. Die resultierenden Werte entsprechen den durch das TI-58-Programm erzeugten Ergebnissen.

Berechnung von Quartil 1:

A(42) = A(37) * 1/4 ENTER
RUN 80 ENTER

Die Werte der Quartile und Dezile wurden oben schon für den TI-58-Lauf angegeben.

Anstelle der geschätzten Quartile sollen einmal die wahren Werte für die Berechnung von Schiefe und Exzeß verwendet werden:

$Q_1 = 76.8$ $Q_2 = 252$ $Q_3 = 804$
$DZ_1 = 9.2$ $DZ_9 = 2429.9$

$S = 0.52$
$E = 0.19$

Man erkennt, daß die Schätzwerte zur Berechnung von Schiefe und Exzeß vollend ausreichen.

Bild 1 demonstriert das Aussehen der logarithmierten Verteilung.

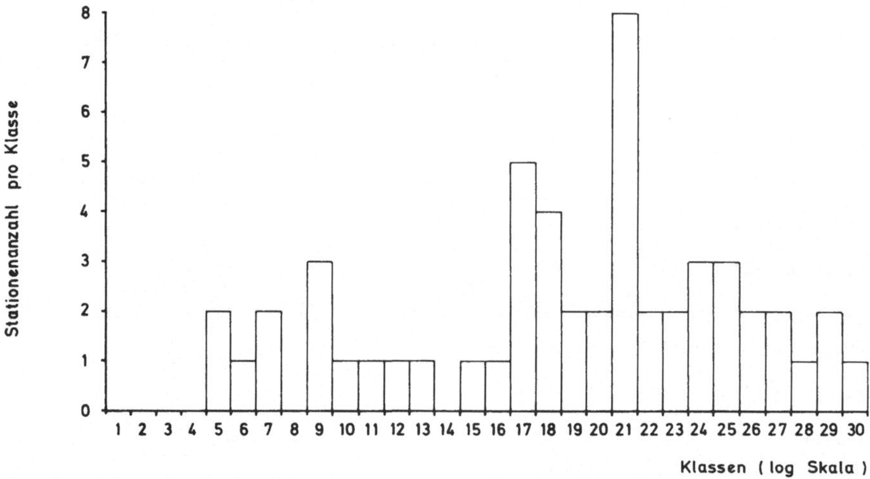


**Bild 1** Dieses Histogramm zeigt die Verteilung der Makrobenthosbiomassen für den Wattenbiotop „Dunkle Sande". Die Klassen repräsentieren Biomassen (g Frischgewicht/$m^2$). Die Grenzwerte einer Klasse können der Tabelle S. 28–29 entnommen werden.

## 3.6 Vertrauensbereiche für den Median einer beliebigen Verteilung

*Erforderliche Ausstattung:* –

*Anwendung in der Ökologie:* Test von Meßreihen auf Unterschiedlichkeit. Wird angewendet, sofern Normalverteilung der Daten nicht erwartet werden darf (Ergänzung zu Abschnitt 3.4).

Konfidenzintervalle für den Median einer Verteilung können ohne Taschenrechner mit Hilfe der Tabelle 3 (Anhang) ermittelt werden.

Zunächst werden die Meßwerte nach Größe sortiert (sofern die Anzahl der Daten groß ist, werden sie mit Hilfe des Programms MEDIAN in eine Häufigkeitsverteilung gebracht). Die Anzahl der Meßwerte sei n. Sofern $n <= 100$ kann mit der Tabelle 3a gearbeitet werden, ansonsten muß die Tabelle 3b benutzt werden. In der Tabelle sind für 5 %- und 1 %-Irrtumswahrscheinlichkeit die linken und rechten Schranken für die Konfidenzintervalle angegeben;

z.B. ist in einer Meßreihe mit 40 geordneten Daten der Median größer als der 14. Wert und kleiner als der 27. Wert. In der Tabelle 3b sind nur die linken Schranken für 5 %- und 1 %-Irrtumswahrscheinlichkeit angegeben. Es gilt:

$$LS \leqslant \text{Median} \leqslant n - LS + 1$$

### Beispiel

Es soll wieder das Attrappenbeispiel aus 3.3 aufgegriffen werden. In 3.4 wurde davon ausgegangen, daß die Daten normalverteilt seien und daß deshalb die Berechnung eines Konfidenzintervalles für das arithmetische Mittel legitim sei. Diese Annahme soll nicht mehr aufrechterhalten werden. Es soll jetzt mit dem parameterfreien Verfahren dieses Kapitels untersucht werden, ob man zu einem anderen Resultat gelangt, wenn man an die Verteilungen keine Bedingungen stellt.

Im ersten Schritt werden die vier Meßreihen nach aufsteigender Größe sortiert. Hieraus resultiert folgende Tabelle:

| A | B | C | D | |
|---|---|---|---|---|
| 20 | 27 | 8 | 16 | |
| 28 | 29 | 8 | 19 | |
| 29 | 31 | 9 | 22 | |
| 31 | 31 | 11 | 22 | |
| 33 | 34 | 12 | 27 | |
| 34 | | 14 | 32 | |
| 36 | | 15 | | |
| 44 | | | | |
| 8 | 5 | 7 | 6 | n |

Für die Bestimmung der Vertrauensbereiche wird die Tabelle 3a herangezogen. Man erhält für die Mediane folgende Konfidenzintervalle:

| A | B | C | D |
|---|---|---|---|
| 28 | 27 | 8 | 19 |
| 36 | 34 | 14 | 27 |

Anders als in 3.4 wird zwischen A und D ein signifikanter Unterschied festgestellt. Wenn man sich aber in 3.3 die Schiefe von D ansieht, dann erkennt man, daß diese Meßreihe am wenigsten einer Normalverteilung ähnelt. Aufgrund der Schiefe der Verteilung von D hätte man von vornherein lieber das parameterfreie Verfahren wählen sollen.

## 3.7 Quadrantenkorrelation

*Ausstattung:* Taschenrechner TI-58, PC-1211

*Anwendung in der Ökologie:* Korrelation von Datensätzen, bei denen Normalverteilung nicht vorausgesetzt werden darf.

Sofern zwei Meßreihen, zwischen denen Zusammenhänge überprüft werden sollen, gewisse Voraussetzungen nicht erfüllen (die Meßwerte jeder Reihe müssen normalverteilt sein), wird i.a. eine Rangkorrelation nach einer Methode von *Spearman* (s. *Sachs* 1974, S. 309) durchgeführt. Umfangreiche Korrelationen von ökologischen Parametern zwecks Erkennung von Kompartimenten in Ökosystemen werden von *Bölter* et al. (z.B. 1980) durchgeführt (s. auch Kapitel 6). Sofern nur wenige Daten vorhanden sind, lassen sich diese schnell nach Wertegrößen sortieren. Wenn aber viele Daten existieren, wird eine Rangkorrelation wegen des aufwendigen Sortierprozesses umständlich. *Meyer* (1981) hat ein Sortierprogramm für den TI-58 geschrieben, welches zum Sortieren von 30 Meßwerten schon 20 Minuten (!) benötigt. Es gibt noch einen zweiten Grund, der gegen die Verwendung der *Spearman*schen Rangkorrelation spricht. Wenn man strukturelle Zusammenhänge in Ökosystemen erkennen will, muß man vor der eigentlichen (strukturanalytischen) Auswertung alle in Betracht kommenden Parameter kombinatorisch miteinander korrelieren. Es wurden beispielsweise Temperatur, Luftfeuchtigkeit, pH des Bodens, Kalkgehalt im Boden usw. für mehrere Untersuchungsflächen gemessen. Jede Meßreihe eines ökologischen Parameters muß mit allen Meßreihen der anderen Ökofaktoren korreliert werden, also Temperatur mit Luftfeuchtigkeit, Temperatur mit pH usw. Leider sind ökologische Messungen wegen Gerätepannen aber nicht immer vollständig. Es kann beispielsweise vorkommen, daß der Temperaturwert für eine Untersuchungsfläche vorhanden ist, die Luftfeuchtigkeitsmessung jedoch fehlt, pH und Kalkgehalt des Bodens aber wiederum gemessen werden konnten. Diese "Missing Values" verursachen bei Rangkorrelationen von Ökofaktoren Unbequemlichkeiten. Wenn die Meßwerte vollständig sind, kann man zunächst alle Daten eines jeden Ökofaktors sortieren und für die Korrelationen die Rangzahlen verwenden. Bei n Parametern währen n Sortierungen notwendig. Sobald aber "Missing Values" an unbestimmten Stellen vorkommen, müssen Sortierungen beider zu vergleichender Meßserien vor jeder Korrelation durchgeführt werden (insgesamt $n^2$-n Sortierungen). Der Grund hierfür soll an einem kleinen Beispiel deutlich gemacht werden:

| Parameter 1 | Parameter 2 | Parameter 3 | Probefläche |
|---|---|---|---|
| 1 | 2 | – | 1 |
| 2 | – | – | 2 |
| 3 | 1 | 3 | 3 |
| 4 | 3 | 2 | 4 |
| 5 | 4 | 1 | 5 |

Parameter 1 wird durch 5, Parameter 2 durch 4 und Parameter 3 durch 3 Rangzahlen repräsentiert. Soll jetzt eine *Spearman*sche Rangkorrelation von Parameter 1 und Parameter 2 durchgeführt werden, so ist das nicht so ohne weiteres möglich. Der zweite Wert von Parameter 2 fehlt, Messungen von Parameter 1 und Parameter 2 lassen sich für Untersuchungsfläche 2 nicht vergleichen, d.h. die 2 für Parameter 1 wird für diese Korrelation gestrichen. Damit fehlt aber für Parameter 1 die Rangzahl 2, es müssen also die Ränge 3–5 je um 1 verkleinert werden.

Ein parameterfreies Verfahren, welches diese Nachteile der Rangkorrelation ausschließt, ist die sogenannte Quadrantenkorrelation (*Sachs* 1974, S. 312).

Für alle $x_i$-Werte (Daten der Meßreihe 1) wird zunächst der Median $\tilde{x}$ ermittelt, gleiches geschieht für die $y_i$-Werte (Daten der Meßreihe 2). Für alle Wertepaare (i = 1 bis i = n) werden folgende Operationen durchgeführt:

Wenn $x_i$ größer/gleich $\tilde{x}$ und $y_i$ größer/gleich $\tilde{y}$, dann erhöhe a um 1.
Wenn $x_i$ größer/gleich $\tilde{x}$ und $y_i$ kleiner $\tilde{y}$, dann erhöhe b um 1.
Wenn $x_i$ kleiner $\tilde{x}$ und $y_i$ größer/gleich $\tilde{y}$, dann erhöhe c um 1.
Wenn $x_i$ kleiner $\tilde{x}$ und $y_i$ kleiner $\tilde{y}$, dann erhöhe d um 1.

(a, b, c und d waren vor Vergleich der Meßwerte auf 0 gesetzt worden).

Ein Testwert $\hat{\chi}^2$ wird durch folgenden Ausdruck gebildet:

$$\hat{\chi}^2 = \frac{(ad-bc)^2 * N}{(a+b) * (a+c) * (b+d) * (c+d)} \quad df = 1 \tag{3-10a}$$

$$N = a + b + c + d$$

Bei dem Testverfahren handelt es sich um die statistische Prüfung von 2 x 2 Kontingenztafeln (s. Statistikbücher). Bei kleinen Stichproben bevorzugen die meisten Autoren eine Formel mit Kontinuitätskorrektur von *Yates:*

$$\hat{\chi}^2 = \frac{(ad-bc-N/2)^2 * N}{(a+b) * (a+c) * (b+d) * (c+d)} \quad df = 1 \tag{3-10b}$$

Die stochastische Unabhängigkeit der Parameter wird verworfen, wenn $\hat{\chi}^2$ größer ist als der für eine Irrtumswahrscheinlichkeit $\alpha$ aus der Tabelle der Chi-Quadrat-Verteilung (Tabelle 2, Anhang).

Sofern eine Korrelation zwischen zwei Meßreihen signifikant ist, kann man aus folgendem Ausdruck ablesen, ob die Korrelation positiv oder negativ ist:

$$s = ad - bc \tag{3-11}$$

Sofern s größer als 0 ist, besteht ein positiver Zusammenhang, anderenfalls ein negativer.

Sofern sich nachträglich feststellen läßt, daß die korrelierten Meßwerte normalverteilt sind, kann man den sogenannten tetrachorischen Korrelationskoeffizienten bilden (*Kriz* 1973, S. 226):

$$r_{tet} = \cos\left(\frac{180^\circ}{1 + \sqrt{\frac{ab}{bc}}}\right) \tag{3-12}$$

## TI-58

Die Mediane $\tilde{x}$ und $\tilde{y}$ werden entweder durch Sortieren der Werte per Hand (bei geringer Anzahl der Meßwerte) oder durch das Programm MEDIAN (Abschnitt 3.5) ermittelt.

Nach Eingabe des Programms QUADRA wird der Lauf durch folgende Kommandos gestartet:

$\tilde{x}$ A' $\tilde{y}$ R/S

Die Meßwertepaare $x_i$ und $y_i$ (i = 1, n) werden dann folgendermaßen eingetippt:

$x_i$ x⇌t $y_i$ A

Nach Beendigung der Dateneingabe werden a, b, c und d zur Anzeige gebracht, sowie N berechnet:

RCL 05 + RCL 06 + RCL 07 + RCL 08 =

Im nächsten Schritt wird das Programm CHIKON eingegeben. Nach RST werden a, b, c und N mit der Taste R/S abgespeichert. Nach Eingabe von N wird $\hat{\chi}^2$ errechnet. Angezeigt wird aber der reziproke Wert $1/\hat{\chi}^2$ (sofern Statement 91 im Programm nicht gelöscht wird).

Anhand der Tabelle der $\chi^2$-Verteilung kann getestet werden, ob die Korrelation signifikant ist.

Die *Yates*-Korrektur wird durchgeführt, wenn zu Beginn der Ausführung von CHIKON die Anweisung st flg 0 gegeben wird.

## PC-1211

Als bekannt werden die Mediane $\tilde{x}$ und $\tilde{y}$ angesehen.

Das Programm QUADRA wird in dem Programm-Modus DEF mit RUN gestartet. Danach werden die Mediane eingetippt:

$\tilde{x}$ ENTER $\tilde{y}$ ENTER

Die n Wertepaare $x_i$ und $y_i$ werden sodann mit ENTER abgespeichert.

Nach Beendigung der Dateneingabe wird durch SHFT B die Anzeige von a, b, c und d eingeleitet.

Das Programm CHIKON kann sowohl in Rechner-Modus DEF als auch in RUN gestartet werden. Sofern auf die *Yates*-Korrektur verzichtet wird, muß mit RUN 20 gestartet werden sonst mit RUN. a, b, c und d werden sodann mit ENTER abgespeichert. Hinterher wird $\hat{\chi}^2$ auf dem Display angezeigt.

### Flußdiagramme und Programmtexte

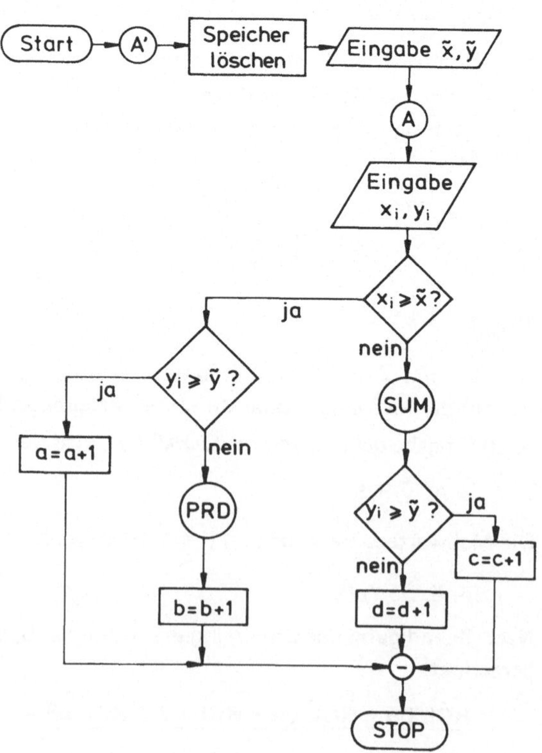

Chikon

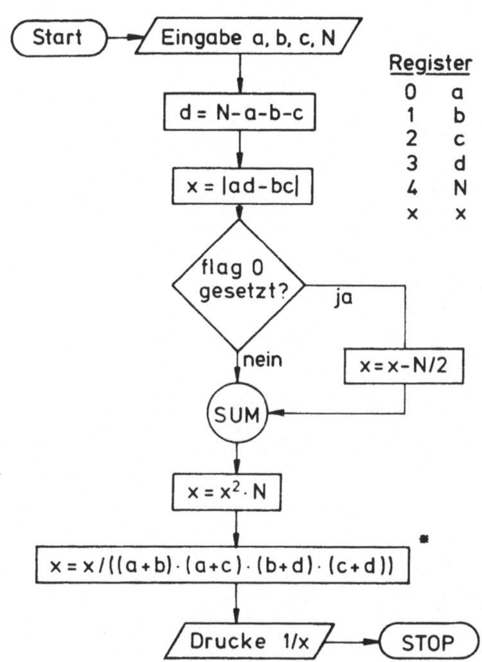


*Die Subroutine PRD dient nur als Overflow-Kontrolle (belanglos bei Quadrantenkorrelation)

## Programm QUADRA: TI-58

```
000  76 LBL
001  16 A'
002  47 CMS
003  42 STO
004  01  01
005  91 R/S
006  42 STO
007  02  02
008  91 R/S
009  76 LBL
010  11  A
011  42 STO
012  04  04
013  43 RCL
014  01  01
015  32 X:T
016  22 INV
017  77  GE
018  44 SUM
019  43 RCL
020  02  02
021  32 X:T
022  43 RCL
023  04  04
024  22 INV
025  77  GE
026  49 PRD
027  01  1
028  44 SUM
029  05  05
030  61 GTO
031  75  -
032  76 LBL
033  49 PRD
034  01  1
035  44 SUM
036  06  06
037  61 GTO
038  75  -
039  76 LBL
040  44 SUM
041  43 RCL
042  02  02
043  32 X:T
044  43 RCL
045  04  04
046  77  GE
047  38 SIN
048  01  1
049  44 SUM
050  08  08
051  61 GTO
052  75  -
053  76 LBL
054  38 SIN
055  01  1
056  44 SUM
057  07  07
058  76 LBL
059  75  -
060  91 R/S
061  00  0
```

## Programm CHIKON: TI-58

```
000 42 STO     027 43 RCL     054 00  00     081 55 ÷
001 00  00     028 01  01     055 85 +       082 53 (
002 85 +       029 65 ×       056 43 RCL     083 43 RCL
003 91 R/S     030 43 RCL     057 01  01     084 01  01
004 42 STO     031 02  02     058 71 SBR     085 85 +
005 01  01     032 54 )       059 49 PRD     086 43 RCL
006 85 +       033 50 I×I     060 54 )       087 03  03
007 91 R/S     034 22 INV     061 55 ÷       088 71 SBR
008 42 STO     035 87 IFF     062 53 (       089 49 PRD
009 02  02     036 00  00     063 43 RCL     090 95 =
010 95 =       037 44 SUM     064 02  02     091 35 1/X
011 94 +/-     038 75 -       065 85 +       092 99 PRT
012 85 +       039 43 RCL     066 43 RCL     093 91 R/S
013 91 R/S     040 04  04     067 03  03     094 81 RST
014 42 STO     041 55 ÷       068 71 SBR     095 76 LBL
015 04  04     042 02  2      069 49 PRD     096 49 PRD
016 95 =       043 76 LBL     070 54 )       097 85 +
017 42 STO     044 44 SUM     071 55 ÷       098 01  1
018 03  03     045 54 )       072 53 (       099 52 EE
019 53 (       046 33 X²      073 43 RCL     100 02  2
020 53 (       047 65 ×       074 00  00     101 00  0
021 43 RCL     048 43 RCL     075 85 +       102 94 +/-
022 00  00     049 04  04     076 43 RCL     103 92 RTN
023 65 ×       050 95 =       077 02  02
024 43 RCL     051 55 ÷       078 71 SBR
025 03  03     052 53 (       079 49 PRD
026 75 -       053 43 RCL     080 54 )
```

## Programm QUADRA: PC-1211

| | | |
|---|---|---|
| A' | 000–002 | 10 CLEAR |
| | 003–004 | 20 INPUT "MEDIAN 1: "; A(1) |
| | 005–008 | 30 INPUT "MEDIAN 2: "; A(2) |
| A | 009–012 | 40 INPUT "X1: "; A(3): INPUT "X2 : "; A(4) |
| | 013–031 | 50 IF (A(3) >= A(1)) * (A(4) >= A(2)) LET A(5) = A(5) + 1: GOTO 90 |
| PRD | 032–038 | 60 IF A(3)>=A(1) LET A(6)=A(6)+1:GOTO 90 |
| SUM | 039–052 | 70 IF A(4) < A(2) LET A(8)=A(8)+1:GOTO 90 |
| SIN | 053–057 | 80 A(7)=A(7)+1 |
| – | 058–060 | 90 GOTO 40 |
| B | | 100 PRINT A(5):PRINT A(6):PRINT A(7):PRINT A(8) |
| | | 110 END |

Bei Verwendung eines größeren Rechners wird folgende Zeile hinzugefügt:

```
45 IF A(3)=777.777 THEN 100
```

## Programm CHIKON: PC-1211

```
 10 A(7)=1
 20 INPUT "A : "; A(1)
 30 INPUT "B : "; A(2)
 40 INPUT "C : "; A(3)
 50 INPUT "D : "; A(4)
 60 A(5)=A(1)+A(2)+A(3)+A(4)
 70 A(6)=A(5)*ABS(A(1)*A(4)-A(2)*A(3)-A(7)*A(5)/2)↑2
 80 A(6)=A(6)/((A(1)+A(2))*(A(1)+A(3))*
    (A(2)+A(4))*(A(3)+A(4)))
 90 A(7)=0:PRINT A(6)
100 END
```

### Beispiel

Zwei ökologische Faktoren eines umfangreichen mikrobiologischen Datensatzes sollen unter Anwendung der Quadrantenmethode korreliert werden.

| | | | | | | | | | |
|---|---|---|---|---|---|---|---|---|---|
| x | 0.90 | 1.24 | 1.23 | 2.79 | 3.50 | 1.97 | 6.56 | 4.20 | 8.34 |
| y | 2.10 | 1.67 | 1.23 | 2.73 | 2.13 | 3.33 | 6.47 | 1.70 | 8.00 |
| x | 8.66 | 9.73 | 11.34 | 2.30 | 4.11 | 9.94 | 6.91 | 6.34 | 4.79 |
| y | 6.63 | 10.80 | 14.75 | 2.80 | 3.27 | 12.40 | 7.37 | 5.53 | 2.47 |
| x | 2.70 | 4.16 | 4.57 | 1.79 | 0.69 | 0.41 | 1.57 | 0.16 | 2.69 |
| y | 0.43 | 4.27 | 0.43 | 0.67 | 0.00 | 0.80 | 0.00 | 0.37 | 4.10 |
| x | 3.53 | 3.19 | 3.23 | 2.74 | | | | | |
| y | 4.50 | 3.30 | 6.07 | 2.80 | | | | | |

Die Mediane sind:

$\tilde{x} = 3.23$ $\tilde{y} = 2.8$

### TI-58

Nach Eingabe des Programms QUADRA Abspeicherung der Mediane:

3.23 A' 2.8 R/S

Im nächsten Schritt werden die 31 Wertepaare eingetippt:

0.9 $x \rightleftharpoons t$ 2.1 A 1.24 $x \rightleftharpoons t$ 1.67 A ... 2.74 $x \rightleftharpoons t$ 2.8 A

a, b, c und d werden sodann aus den Registern 5–8 abgerufen, gleichzeitig wird N berechnet:

a = 12 b = 4 c = 5 d = 10 N = 31

Nach Eintippen des Programms CHIKON werden a, b, c und N mit R/S abgespeichert. Sofern die *Yates*-Korrektur verwendet wird, nach RST Flag 0 setzen (st flg 0).
Der unkorrigierte $\hat{\chi}^2$-Wert ist 5.43, der korrigierte 3.88. Die Tabelle 3 (Anhang) zeigt, daß die Korrelation signifikant ist.

## PC-1211

Im Rechner-Modus DEF wird der Lauf mit RUN gestartet. Abspeicherung der Mediane:

3.23 ENTER 2.8 ENTER

Danach werden die 31 Paare eingetippt:

0.9 ENTER 2.1 ENTER 1.24 ENTER 1.67 ENTER ... 2.74 ENTER 2.8 ENTER

Mit SHFT B wird die Anzeige von a, b, c und d initiiert.

a = 12 b = 4 c = 5 d = 10

Das Programm CHIKON wird mit RUN (*Yates*-Korrektur) oder RUN 20 (ohne Korrektur) gestartet. Eingabe von a, b, c und d mit ENTER.
Resultat: $\hat{\chi}^2$ = 5.43 bzw. 3.88 (mit *Yates*-Korrektur).

# 4 Programme für Zeitreihenanalysen

*Ausstattung:* Taschenrechner TI-58 (mit Standard-Softwaremodul); bei harmonischer Analyse Drucker wünschenswert.
Taschenrechner PC-1211

*Anwendung in der Ökologie:* Beurteilung von biologischen und nichtbiologischen Zeitreihen in Hinblick auf Trend und Periodizität.

In diesem Kapitel soll eine vereinfachte Aufarbeitung von univariaten Zeitreihen demonstriert werden. Die Grenzen eines programmierbaren Taschenrechners ohne Sekundärspeicher (trifft nur für den TI-58 zu) werden hier sehr schnell sichtbar. Man sollte aber trotzdem auf die eingeschränkten Möglichkeiten zurückgreifen, die der Taschenrechner bietet, wenn ein Computer nicht zur Verfügung steht.

Einen ersten Einblick in die Gesetzmäßigkeit der Zeitreihe soll die Methode der gleitenden Durchschnitte geben. Die geschilderte Anwendung von Konfidenzintervallen zur Aufdeckung von periodischen Schwingungen mag einem Statistiker methodisch bedenklich erscheinen, die Resultate stimmen aber in den meisten Fällen mit denen exakterer Verfahren überein. Es wird ein Lösungsverfahren zur Beseitigung von Trend und Dämpfung vorgestellt, das vor der harmonischen Analyse angewendet werden sollte.

## 4.1 Moving Average

Ein einfaches Glättungsverfahren für Zeitreihen ist die Methode der gleitenden Durchschnitte (*Lorenz* 1965, S. 59). Durch „Glättung" einer Zeitreihe will man erreichen, daß Zufallsschwankungen der Variablen entfernt werden und damit nur noch wesentliche Merkmale der Zeitreihe erhalten bleiben. Für dieses Verfahren stellen sowohl TEXAS INSTRUMENTS als auch die SHARP CORPORATION Bibliotheksprogramme vor, welche hier lediglich kurz in ihrer Benutzung kommentiert werden sollen.

### TI-58

Für gleitende Durchschnitte existiert ein Programm im Standard-Software-Modul. Das Programm wird mit PGM 17 geladen und durch E' vorbereitet. Die Anzahl der Werte, für die jeweils ein gleitender Durchschnitt gebildet werden soll (= n), wird mit A gespeichert. Die Meßwerte werden danach mit B eingegeben. Der erste gleitende Durchschnitt wird nach Eingabe von n Werten angezeigt. Danach folgen ständig nach jeder Eingabe weitere Mittelwerte.

### PC-1211

In dem „Applications Manual" für den SHARP-Rechner wird das Programm B-10 (S. 60 ff.) zur Berechnung von gleitenden Durchschnitten beschrieben. Im Rechner-Modus DEF wird die Berechnung mit SHFT A gestartet. Die Anzahl der jeweils zu mittelnden Werte (= n) wird mit ENTER eingetippt. Erst nach der Abspeicherung von n Meßwerten mit ENTER wird der erste gleitende Durchschnitt angezeigt. Nach jeder weiteren Eingabe eines Wertes erfolgt der Output eines gleitenden Durchschnitts auf dem Display. Der Lauf des Programms wird schließlich mit BREAK beendet.

## 4.2 Konfidenzintervalle zur Aufdeckung von periodischen Schwingungen

Die Methode des Mittelwertvergleichs mit Hilfe von Konfidenzintervallen (Abschnitt 3.4 und 3.6) ist unter Umständen auch für Zeitreihen brauchbar. Unter der Voraussetzung, daß periodische Schwingungen in der Zeitreihe vorherrschen, müssen die Werte vergleichbarer Intervalle (z.B. Werte des gleichen Monats aus verschiedenen Jahren bei Annahme eines Jahreszyklus) im Prinzip um einen Mittelwert normalverteilt sein. Nach Überprüfung vergleichbarer Werte auf Normalverteilung (s. Abschnitt 3.3) werden Konfidenzintervalle für die Mittelwerte gebildet. Die Nullhypothese (keine Periodizität) wird abgelehnt, wenn sich nicht alle Konfidenzintervalle überlappen. Sofern die Überprüfung auf Normalverteilung eine andere Verteilungsform anzeigt, kann mit dem nichtparametrischen Verfahren getestet werden.
Es muß aber noch einmal darauf hingewiesen werden, daß die Verwendung der Konfidenzintervalle für die Mittelwerte in den meisten Fällen zwar gute Resultate liefert, daß das Verfahren aber eigentlich theoretisch nicht zu rechtfertigen ist. Es gilt nämlich bei Zeitreihen, daß zwei benachbarte Werte Abhängigkeit zeigen.

## 4.3 Beseitigung von Trend und Dämpfung

Jede Zeitreihe sollte zunächst auf Trend und Dämpfung, danach auf Periodizität untersucht werden. Sofern Trend und (oder) Dämpfung per Signifikanztest bestätigt werden, müssen vor der harmonischen Analyse Korrekturen in der Zeitreihe durchgeführt werden.
Ein einfacher Trendtest wurde von *Cox* und *Stuart* (s. *Sachs* 1974, S. 296) beschrieben: Die Zeitreihe wird in 3 Abschnitte zerlegt. Kann die Anzahl der Werte in der gesamten Zeitreihe durch 3 ohne Rest dividiert werden, dann erhält jeder Abschnitt gleiche Länge, ansonsten wird der mittlere um ein oder zwei Werte reduziert. Jede Beobachtung des ersten Drittels wird mit der ihr entsprechenden des letzten Drittels verglichen. Eine positive Differenz wird als + notiert, eine negative als –. Die Summe der Plus- bzw. Minuszeichen (= S) wird auf Zufälligkeit getestet mit Testkoeffizienten

$$\hat{z} = \frac{|S - n/6| - 0.5}{\sqrt{n/12}}, \tag{4-1}$$

wobei n die Anzahl der Werte einer Zeitreihe ist.

Für einseitigen Test gilt der Schwellenwert z = 1.64 (95 %) bzw. z = 2.33 (99 %), für den zweiseitigen Test sind die Schranken z = 1.96 (95 %) bzw. z = 2.58 (99 %) anzunehmen.

Wird durch den Test von *Cox* und *Stuart* ein Trend bestätigt, suchen wir ein Anpassungspolynom

$$\hat{y} = a_0 + a_1 x + a_2 x^2 + a_3 x^3 + \ldots \qquad (4\text{-}2)$$

Nach der Methode der kleinsten Fehlerquadrate kann ein solches Polynom mit Hilfe folgenden Gleichungssystems entwickelt werden:

$$\begin{array}{llllll} a_0 N & + a_1 \Sigma x & + a_2 \Sigma x^2 & + \ldots + a_m \Sigma x^m & = \Sigma y \\ a_0 \Sigma x & + a_1 \Sigma x^2 & + a_2 \Sigma x^3 & + \ldots + a_m \Sigma x^{m+1} & = \Sigma xy \\ & & & \ldots & \\ a_0 \Sigma x^m & + a_1 \Sigma x^{m+1} & + a_2 \Sigma x^{m+2} & + \ldots + a_m \Sigma x^{2m} & = \Sigma x^m y \end{array} \qquad (4\text{-}3)$$

Wenn die Koeffizienten des Anpassungspolynoms (4-2) mit Hilfe des *Gaußschen* Algorithmus gelöst worden sind, wird für jedes $x_i$ der Zeitreihe durch Einsetzen in Gl. (4-2) ein Wert $y_i$ berechnet.

Eine Trendbereinigung der Zeitreihe wird dann durch folgende Operation durchgeführt:

$$\tilde{y}_i = y_i - \hat{y}_i \quad (i = 1, n) \qquad (4\text{-}4)$$

Für die $y_i$-Werte (oder nach Trendentfernung für $\tilde{y}_i$) wird der Mittelwert $\bar{y}$ gebildet:

$$\bar{y} = 1/n \sum_{i=1}^{n} y_i \qquad (4\text{-}5)$$

Es wird danach

$$z_i = | y_i - y | \quad (i = 1, n) \qquad (4\text{-}6)$$

errechnet.

Mit den $z_i$-Werten wird sodann erneut der *Cox-Stuart*-Trendtest durchgeführt.

Sofern dieser für die neuen Werte einen deutlichen Trend anzeigt, enthält die Zeitreihe Dämpfungsfaktoren (Einzelheiten s. Abschnitt 4.5).

Für diese Dämpfungsfaktoren wird dann ein Anpassungspolynom gesucht:

$$\hat{d} = c_0 + c_1 x + c_2 x^2 + \ldots \qquad (4\text{-}7)$$

Vorher werden aber alle $z_i$-Werte logarithmiert:

$$d_i = \ln (z_i) \qquad (4\text{-}8)$$

Es wird wie in Gl. (4-3) ein lineares Gleichungssystem aufgestellt, wobei die y-Glieder einfach durch d-Glieder ersetzt werden.

Zum Schluß wird eine Dämpfungsbereinigung der Zeitreihe durch folgende Operation durchgeführt:

$$t_i = y_i / e^{\hat{d}_i} \quad (i = 1, n) \qquad (4\text{-}9)$$

## TI-58

Auf dem TI-58 kann der Trendtest mit dem Programm COXSTU durchgeführt werden. Nach Eingabe der Werteanzahl (= n) durch R/S werden die entsprechenden Wertepaare ebenfalls mit R/S eingetippt. Die Berechnung von $\hat{z}$ wird schließlich mit der A-Taste gestartet.

Sofern sich eine Trendbereinigung als notwendig erweist, wird die Berechnung der $x^k$ und $x^k y$ von dem Programm GAUSS durchgeführt. Die Werte werden in den Registern des Taschenrechners auf folgende Weise gespeichert:

| | | | |
|---|---|---|---|
| Register 10: | $\Sigma y$ | Register 20: | N |
| Register 11: | $\Sigma xy$ | Register 21: | $\Sigma x$ |
| Register 12: | $\Sigma x^2 y$ | Register 22: | $\Sigma x^2$ |
| Register 10 + m: | $\Sigma x^m y$ | Register 20 + 2m: | $\Sigma x^{2m}$ |

Nach Eingabe von m durch R/S werden die jeweiligen $x_i$- und $y_i$-Werte ebenfalls durch R/S eingegeben. Die Registerinhalte können nach Abschluß der Dateneingabe durch INV LIST ausgedruckt werden. Damit sind die Koeffizienten für das lineare Gleichungssystem bekannt.

Lineare Gleichungssysteme mit maximal 6 Unbekannten (entspr. Polynom 5. Grades) können bei Anwendung des Standard-Software-Programms 2 gelöst werden. Nach Laden des Programmes durch PGM 02 wird (m + 1) mit A eingetippt. Der Befehl 1 B bereitet die Eingabe der Matrixspalten vor. Es folgen dann die Werte jeweils mit R/S. Danach Start zur Determinantenberechnung mit C. Das Gleichungssystem ist lösbar, wenn $|A| \neq 0$. Nach dem vorbereitendem Befehl 1 D werden die y-Werte mit R/S eingegeben. Nach Abschluß dieser Eingabe wird die Berechnung durch CLR E 1 A′ gestartet.

Durch (m + 1)-maliges Drücken der R/S-Taste werden die Lösungswerte zum Druck und zur Anzeige gebracht.

Der als Polynom m-ten Grades bestimmte Trend kann jetzt mit Hilfe des Standard-Software-Programms 7 entfernt werden. Nach PGM 07 wird der Grad des Poylnoms mit m A O B eingegeben. Alle Koeffizienten von $a_0 - a_m$ werden danach mit R/S eingetippt. Nach dieser Vorbereitung kann jedes $f(x_i)$ durch Eingabe von $x_i$ mit C berechnet werden. Wird jeder Funktionswert des Polynoms von dem entsprechenden Funktionswert der Zeitreihe subtrahiert, dann wird auf diese Weise der Trend aus der Reihe entfernt.

Der Bearbeiter sollte bei der Trendentfernung aber eines bedenken: je höher der Grad des Polynoms, desto besser die Anpassung aber auch desto schwieriger die Interpretation.

Deshalb empfiehlt es sich, mit dem niedrigsten Polynom eine Trendanpassung zu beginnen, nach Korrektur der Zeitreihenwerte wird der Trendtest von *Cox* und *Stuart* wiederholt. Wird immer noch Trend durch den Test angezeigt, muß ein Polynom höheren Grades angepaßt werden.

Eine andere Möglichkeit bietet sich Benutzern des TI-59. Mit dem schon zitierten Programm von *Lamers* (1979) kann in einer multiplen Regressionsanalyse die Bedeutung der Regressoren (= Glieder des Polynoms) getestet werden. Man würde in diesem Fall ein besonders hohes Polynom anpassen und die Regressoren gegen Ø testen.

Zur Dämpfungsentfernung können die unlogarithmierten Meßwerte dann verwendet werden, wenn die Rechnung mit GAUSS durch den Befehl ST flg 1 eingeleitet wird. Die Antilogarithmen der Dämpfungsfunktionswerte müssen allerdings durch INV LNX gebildet werden.

## PC-1211

Für den Trendtest wird Programm COXSTU in Rechner-Modus DEF mit RUN gestartet. Zunächst wird n mit ENTER abgespeichert, danach die Wertepaare $s_1$ und $s_2$ ebenfalls mit ENTER eingegeben. Nach dem Eintippen des letzten Wertes wird durch SHFT A die Berechnung von $\hat{z}$ eingeleitet.

Für eine Trendbereinigung wird die Berechnung der $x^k$ und $x^k y$ von dem Programm GAUSS durchgeführt. Die Registeraufteilung der Resultate entspricht der des TI-58. Im Rechner-Modus DEF wird GAUSS durch RUN gestartet. Der Grad des Polynoms (m) wird dann durch ENTER eingetippt. Die Funktionswerte $x_i$ und $y_i$ werden ebenfalls mit ENTER abgespeichert. Nach der Eingabe der n Wertepaare wird das Programm mit SHFT A gestoppt. Den Wert eines Registers i bringt man durch A(i) ENTER zur Anzeige.

Für die Lösung des linearen Gleichungssystems kann das Programm A-1 aus dem „Applications Manual" benutzt werden. Nach dem Start wird die Dimension (= m + 1) der Matrix eingetippt. Danach wird das Gleichungssystem zeilenweise (zunächst Glieder der linken Seite, dann rechtes Glied) eingetippt. Die Koeffizienten $a_0 - a_m$ werden dann auf dem Display angezeigt.

Funktionswerte $f(x_i)$ können mit dem Programm POLY errechnet werden. In Rechner-Modus DEF wird der Lauf mit RUN gestartet. Nach Eingabe des Polynomgrades wurden die m + 1 Koeffizienten $a_0 - a_m$ eingetippt, danach werden nach Eingabe von $x_i$-Werten die entsprechenden $y_i$ angezeigt. SHFT A stoppt das Programm.

Die unlogarithmierten Meßwerte können bei der Dämpfungsentfernung dann verwendet werden, wenn das Programm GAUSS mit RUN 10 gestartet wird.

### Flußdiagramme und Programmtexte

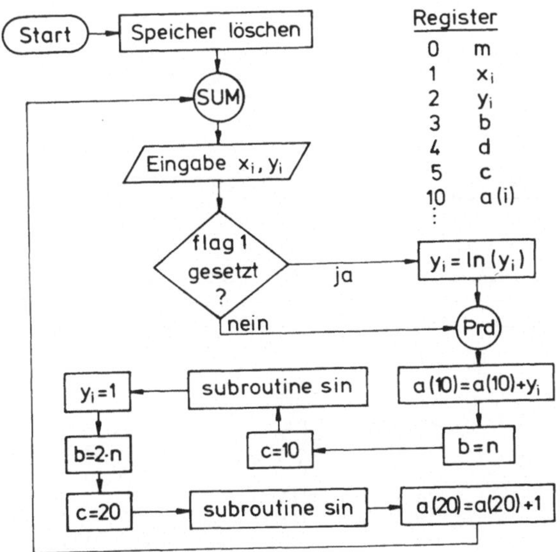

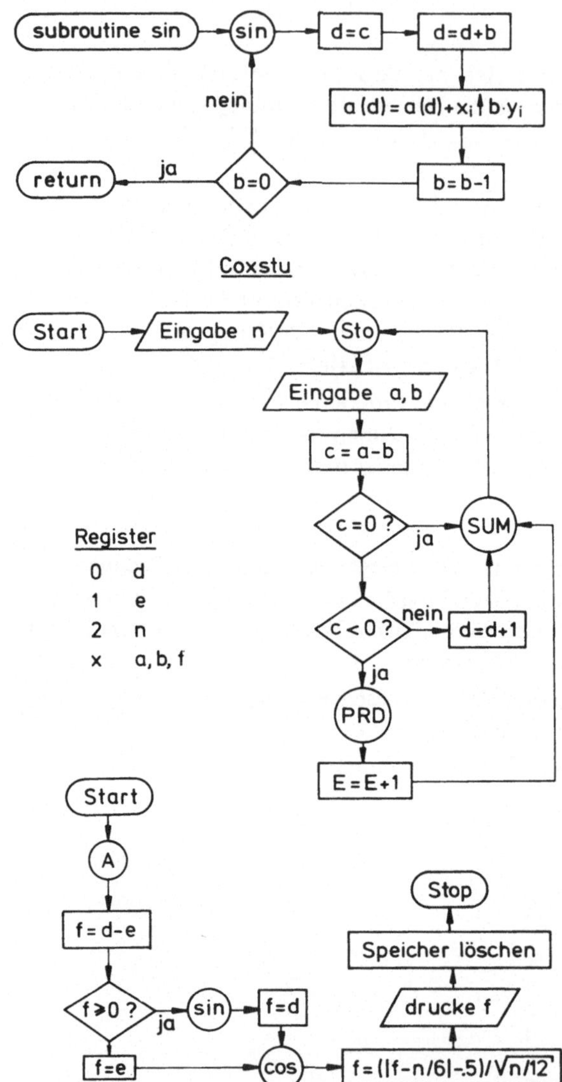


## Programm COXSTU: TI-58

```
000  42  STO
001  02   02
002  91  R/S
003  76  LBL
004  42  STO
005  75
006  91  R/S
007  95   =
008  67   EQ
009  44  SUM
010  22  INV
011  77   GE
012  49  PRD
013  01    1
014  44  SUM
015  00   00
016  61  GTO
017  44  SUM
018  76  LBL
019  49  PRD
020  01    1
021  44  SUM
022  01   01
023  76  LBL
024  44  SUM
025  91  R/S
026  61  GTO
027  42  STO
028  76  LBL
029  11    A
030  43  RCL
031  00   00
```

```
032  75  -
033  43 RCL
034  01  01
035  95  =
036  77  GE
037  38 SIN
038  43 RCL
039  01  01
040  61 GTO
041  39 COS
042  76 LBL
043  38 SIN
044  43 RCL
045  00  00
046  76 LBL
047  39 COS
048  75  -
049  43 RCL
050  02  02
051  55  ÷
052  06  6
053  95  =
054  50 I×I
055  75  -
056  93  .
057  05  5
058  95  =
059  55  ÷
060  53  (
061  43 RCL
062  02  02
063  55  ÷
064  01  1
065  02  2
066  54  )
067  34 ΓX
068  95  =
069  91 R/S
070  47 CMS
071  29 CP
072  81 RST
073  00  0
```

## Programm GAUSS: TI-58

```
000  47 CMS
001  42 STO
002  00  00
003  76 LBL
004  44 SUM
005  91 R/S
006  42 STO
007  01  01
008  91 R/S
009  22 INV
010  87 IFF
011  01  01
012  49 PRD
013  23 LNX
014  76 LBL
015  49 PRD
016  44 SUM
017  10  10
018  42 STO
019  02  02
020  43 RCL
021  00  00
022  42 STO
023  03  03
024  01  1
025  00  0
026  42 STO
027  05  05
028  71 SBR
029  38 SIN
030  01  1
031  42 STO
032  02  02
033  43 RCL
034  00  00
035  65  ×
036  02  2
037  95  =
038  42 STO
039  03  03
040  02  2
041  00  0
042  42 STO
043  05  05
044  71 SBR
045  38 SIN
046  01  1
047  44 SUM
048  20  20
049  61 GTO
050  44 SUM
051  76 LBL
052  38 SIN
053  43 RCL
054  05  05
055  42 STO
056  04  04
057  43 RCL
058  03  03
059  44 SUM
060  04  04
061  43 RCL
062  01  01
063  45 YX
064  43 RCL
065  03  03
066  95  =
067  52 EE
068  22 INV
069  52 EE
070  65  ×
071  43 RCL
072  02  02
073  95  =
074  74 SM*
075  04  04
076  97 DSZ
077  03  03
078  38 SIN
079  92 RTN
080  00  0
```

## Programm COXSTU: PC-1211

| | | | |
|---|---|---|---|
| | 000–002 | 10 | INPUT "N: "; A(3) |
| STO | 003–008 | 20 | INPUT "A: "; A(6): INPUT "B: "; A(7) |
| | 005–011 | 30 | A(6)=A(6)−A(7) |
| | 012–013 | 40 | IF A(6)=0 THEN 80 |
| | 014–016 | 50 | IF A(6)<0 THEN 70 |
| | 017–021 | 60 | A(1)=A(1)+1: GOTO 80 |
| PRD | 022–026 | 70 | A(2)=A(2)+1 |
| SUM | 027–031 | 80 | GOTO 20 |
| A | 032–039 | 90 | A(4)=A(1)−A(2) |
| SIN | 040–049 | 100 | IF A(4)>=0 LET A(4)=A(1): GOTO 120 |
| | 042–045 | 110 | A(4)=A(2) |

```
COS 050–072   120  A(4)=(ABS(A(4)–A(3)/6)–.5)/SQR(A(3)/12)
    073–075   130  PRINT A(4):CLEAR
    076–076   140  END
```

Bei Benutzung eines größeren Rechners muß folgende Zeile eingefügt werden:

```
              25   IF A(6)=777.777 THEN 90
```

## Programm GAUSS: PC-1211

```
    000–000     5  CLEAR:A(9)=0:GOTO 20
    000–000    10  CLEAR:A(9)=1
    001–002    20  INPUT "M: "; A(1)
SUM 003–008    30  INPUT "XI: "; A(2):INPUT "YI: "; A(3)
    009–013    40  IF A(9)=1 LET A(3)=LN(A(3))
PRD 014–017    50  A(10)=A(10)+A(3)
    020–023    60  A(4)=A(1)
    024–027    70  A(6)=10
    028–029    80  GOSUB 160
    030–032    90  A(3)=1
    033–039   100  A(4)=A(1)*2
    040–043   110  A(6)=20
    044–045   120  GOSUB 160
    046–048   130  A(20)=A(20)+1
    049–050   140  GOTO 30
A             150  END
SIN 051–056   160  A(5)=A(6)
    057–060   170  A(5)=A(5)+A(4)
    061–075   180  A(A(5))=A(A(5))+A(2)↑A(4)*A(3)
    076–078   190  A(4)=A(4)–1:IF A(4)>0 THEN 160
    079–079   200  RETURN
```

Bei Verwendung eines größeren Computers müssen folgende Änderungen und Ergänzungen vorgenommen werden:

```
35   IF A(2)=777.777 THEN 150
150  FOR A(2)=10 TO A(1)+10
151  PRINT A(A(2))
152  NEXT A(2)
153  FOR A(2)=20 TO 2*A(1)+20
154  PRINT A(A(2))
155  NEXT A(2)
156  END
```

**Programm POLY: PC-1211**

```
 10 INPUT "M: "; A
 20 FOR B=0 TO A
 30 E=B+10
 40 INPUT "AI: "; A(E)
 50 NEXT B
 60 C=0
 70 INPUT "X: "; D
 80 FOR B=0 TO A STEP 2
 90 E=B +10
100 C=C+A(E)*ABS(D)*B
110 E=E+1:F=B+1
120 C=C+A(E)*ABS(D)*F*SGN(D)
130 NEXT B
140 PRINT C
150 GOTO 60
160 END
```

A

Bei Verwendung eines größeren Rechners muß folgende Zeile hinzugefügt werden:

```
 75 IF D=777.777 THEN 160
```

## 4.4 Harmonische Analyse

Bekanntlich kann eine Zeitreihe durch eine Fourierreihe approximiert werden. Für gerades m (m = 2n) gilt:

$$f(x) = A_0/2 + \sum_{k=1}^{n-1} (A_k \cos(kx) + B_k \sin(kx)) + (A_n/2) \cdot \cos(nx) \tag{4-10}$$

für ungerades m (m = 2n + 1):

$$f(x) = A_0/2 + \sum_{k=1}^{n} (A_k \cos(kx) + B_k \sin(kx)) \tag{4-11}$$

Die Koeffizienten $A_k$ und $B_k$ können folgendermaßen berechnet werden:

$$A_k = 2/m \sum_{i=1}^{m} f(i) \cdot \cos(2\pi ik/m) \tag{4-12}$$

$$B_k = 2/m \sum_{i=1}^{m} f(i) \cdot \sin(2\pi ik/m) \tag{4-13}$$

Die Fourier-Koeffizienten sind der Ausgangspunkt für die Zeichnung eines Periodogramms (s. *Jenkins, Watts* 1968, S. 20 ff.). Auf der Abszisse werden die Frequenzen

$$v = k/m$$

aufgetragen. Für k = 0 und k = n betragen die Ordinatenwerte $(\frac{1}{2} A_0)^2$ und $(\frac{1}{2} A_n)^2$. Für alle anderen Frequenzen kann als y-Wert $(A_k^2 + B_k^2)$ genommen werden. Aus dem Periodogramm kennt man wesentliche und unwesentliche Rhythmen.

## TI-58

Zur Berechnung der Fourier-Koeffizienten kann das Programm HARANA verwendet werden. Die Analyse wird durch

CMS RAD m STO 49 1/x x 2 x π = STO 47
n {int(m/2 oder maximal 20} STO 48 RST vorbereitet.

Die Zeitreihenwerte werden dann mit R/S eingegeben.

Die Fourier-Koeffizienten werden mit dem Befehl 1 INV LIST auf den Drucker gegeben. Die $A_k$-Werte (k = 1 – n) werden in den Registern 2 – (n + 1), die $B_k$-Werte in den Registern (n + 2) – (2n + 2) abgespeichert. $A_0/2$ wird im Register 1 gespeichert.

## PC-1211

Wollte man beim Lauf des Programms HARANA die Werte einzeln eingeben, müßte man zwischendurch extrem lange Wartezeiten in Kauf nehmen. Der BASIC-Interpreter des PC-1211 arbeitet langsamer als der Assembler-Code des TI-58. Deshalb wurde die Eingabe der Werte für den PC-1211 etwas anders konzipiert. Es ist möglich, die ganze Zeitreihe oder zumindest einen Teil davon zunächst einzutippen und dann erst mit der harmonischen Analyse zu beginnen. Der Computer verarbeitet diese eingegebenen Werte, während der Benutzer einer anderen Tätigkeit nachgehen kann. Ist die Wartezeit nach Beendigung des Laufs zu lang, schaltet sich der Rechner automatisch ab, ohne die errechneten Koeffizienten zu verlieren. Der Anwender kann dann den Rechner einschalten und zusätzliche Werte eingeben oder die *Fourier*-Koeffizienten abrufen.

Im Rechner-Modus DEF wird der Lauf mit RUN gestartet. Zunächst wird die Anzahl aller Werte (= m) eingetippt, danach die Anzahl der abzuspeichernden Daten. Danach Eingabe der Werte. Nach dem letzten getippten Wert startet der Computer sofort die harmonische Analyse.

Sollen nach Beendigung des Laufs weitere Daten der gleichen Zeitreihe verarbeitet werden, wird mit SHFT A gestartet. SHFT B initiiert die Anzeige der FOURIER-Koeffizienten. Achtung! Statt $A_0$ wird $A_0/2$ angezeigt.

## Flußdiagramm und Programmtexte

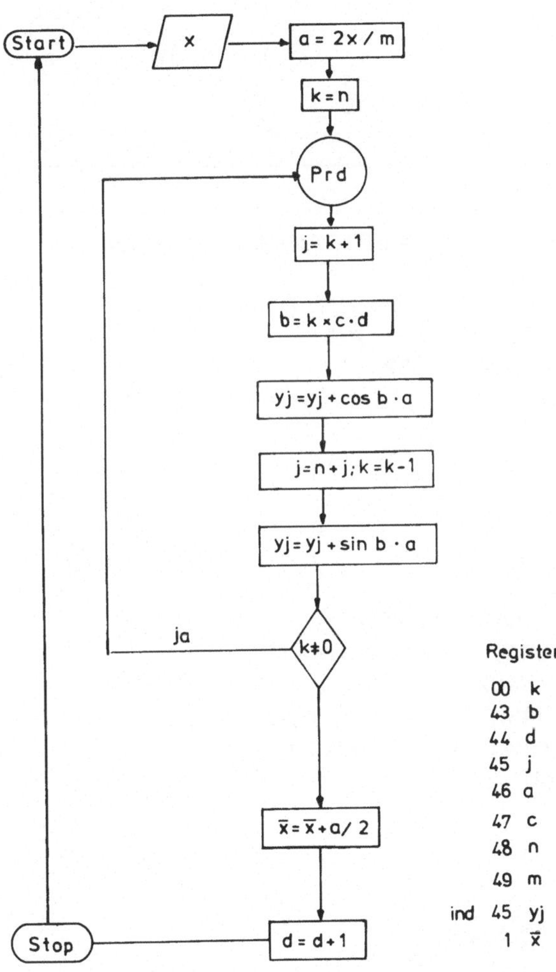


Register:

| | | |
|---|---|---|
| | 00 | k |
| | 43 | b |
| | 44 | d |
| | 45 | j |
| | 46 | a |
| | 47 | c |
| | 48 | n |
| | 49 | m |
| ind | 45 | yj |
| | 1 | $\bar{x}$ |

### Programm HARANA: TI-58

```
65   ×
02   2
55   ÷
43   RCL
49   49
95   =
42   STO
46   46
43   RCL
48   48
42   STO
00   00
76   LBL
49   PRD
43   RCL
00   00
85   +
01   1
95   =
42   STO
45   45
53   (
43   RCL
00   00
65   ×
43   RCL
47   47
65   ×
43   RCL
44   44
54   )
42   STO
43   43
39   COS
65   ×
43   RCL
46   46
95   =
74   SM*
45   45
```

```
040   43 RCL
041   45  45
042   85   +
043   43 RCL
044   48  48
045   95   =
046   42 STO
047   45  45
048   43 RCL
049   43  43
050   38 SIN
051   65   ×
052   43 RCL
053   46  46
054   95   =
055   74 SM*
056   45  45
057   97 DSZ
058   00  00
059   49 PRD
060   01   1
061   42 STO
062   00  00
063   43 RCL
064   46  46
065   55   ÷
066   02   2
067   95   =
068   74 SM*
069   00  00
070   01   1
071   44 SUM
072   44  44
073   91 R/S
074   81 RST
075   00   0
```

**Programm HARANA: PC-1211**

```
                      1   RADIAN:CLEAR:INPUT "WERTEANZAHL: "; A(50)
                      2   A(48)=2*π/A(50)
                      3   A(49)=INT(A(50)/2):IF A(49)>20LET A(49)=20
A                     4   INPUT "SPEICHERWERTE: "; A(51)
                      5   FOR A(52)=53 TO A(51)+52
                      6   INPUT A(A(52))
                      7   NEXT A(52)
                      8   FOR A(52)=53 TO A(51)+52
                     40   A(47)=A(A(52))
    000–007          50   A(47)=2*A(47)/A(50)
    008–011          60   A(1)=A(49)+1
PRD 012–020          70   A(46)=A(1)+1
    021–032          80   A(44)=(A(1)-1)*A(48)*A(45)
    033–039          90   A(A(46)) =A(A(46))+COS(A(44))*A(47)
    040–047         100   A(46)=A(46)+A(49)+1
    048–056         110   A(A(46))=A(A(46))+SIN(A(44))*A(47)
    057–059         120   A(1)=A(1)-1:IF A(1)<>1 THEN 70
    060–069         130   A(2)=A(2)+A(47)/2
    070–072         140   A(45)=A(45)+1
                    150   NEXT A(52)
                    160   END
B                   170   DEGREE
                    180   FOR A(52)=2 TO A(49)+2
                    190   A(1)=A(52)+A(49)+1
                    200   PRINT A(A(52)), A(A(1))
                    210   NEXT A(52)
```

Bei Verwendung eines größeren Computers wird Zeile 160 entfernt.

## 4.5 Beispiel für alle beschriebenen Verfahren der Zeitreihenanalyse

Auf dem Feuerschiff Fehmarnbelt (westliche Ostsee) wurden täglich u.a. Salzgehalte verschiedener Wassertiefen gemessen (s. Tabellen DHI 1972–1977). Für 0 m Wassertiefe sollen hier alle Monatsmittel zwischen 1971 und 1976 als Zeitreihe aufgestellt und analysiert werden[1].

1) Ein Beispiel aus der terrestrischen Ökologie wäre z.B. eine Zeitreihe für das Monatsmittel der Lufttemperatur.

## a) Daten (‰ S):

| | | | | | | |
|---|---|---|---|---|---|---|
| 1971: | 12.748 | 13.705 | 11.841 | 10.147 | 10.142 | 10.519 |
| | 12.649 | 12.736 | 14.513 | 17.059 | 17.948 | 18.048 |
| 1972: | 11.55 | 12.12 | 13.38 | 13.25 | 11.06 | 12.46 |
| | 9.91 | 10.12 | 13.10 | 12.62 | 18.38 | 15.50 |
| 1973: | 11.77 | 15.75 | 11.88 | 13.65 | 10.27 | 11.40 |
| | 12.20 | 12.31 | 14.04 | 15.02 | 19.71 | 17.42 |
| 1974: | 13.78 | 12.58 | 11.07 | 13.48 | 12.51 | 14.12 |
| | 17.07 | 9.85 | 12.91 | 13.94 | 12.42 | 18.47 |
| 1975: | 15.74 | 9.78 | 10.38 | 11.49 | 10.86 | 12.15 |
| | 12.41 | 12.15 | 14.67 | 15.35 | 15.91 | 20.90 |
| 1976: | 20.30 | 12.38 | 13.39 | 14.14 | 11.99 | 13.79 |
| | 12.21 | 12.55 | 13.15 | 12.93 | 18.80 | 18.14 |

## b) Gleitende Durchschnitte

Es soll ein 3-Monate-gleitender Mittelwert für die gemittelten Salzgehalte errechnet werden.

## TI-58

Der Rechner wird durch PGM 17 E' 3 A fix 2 vorbereitet. Die 72 Werte werden dann einzeln mit B eingegeben. Nach dem Eintippen der ersten drei Zahlen wird ein Durchschnittswert für Februar 1971 angezeigt. Die Werte für Januar 1971 und Dezember 1976 sind durch die Methode verloren.

## PC-1211

Nach Eingabe des Bibliothekprogramms B-10 wird der Lauf mit SHFT A in Rechner-Modus DEF gestartet. Mit ENTER wird die Anzahl der zu mittelnden Werte (hier 3) eingetippt. Danach Abspeicherung der Werte 12.748 ENTER 13.705 ENTER ... 18.14 ENTER BREAK.

## Resultate

Tabelle der gleitenden Mittelwerte:

| | | | | | | |
|---|---|---|---|---|---|---|
| 1971: | | 12.76 | 11.90 | 10.71 | 10.27 | 11.10 |
| | 11.97 | 13.30 | 14.77 | 16.51 | 17.69 | 15.85 |
| 1972: | 13.91 | 12.35 | 12.92 | 12.56 | 12.26 | 11.14 |
| | 10.83 | 11.04 | 11.95 | 14.70 | 15.50 | 15.22 |
| 1973: | 14.34 | 13.13 | 13.76 | 11.93 | 11.77 | 11.29 |
| | 11.97 | 12.85 | 13.79 | 16.26 | 17.38 | 16.97 |
| 1974: | 14.59 | 12.48 | 12.38 | 12.35 | 13.37 | 14.57 |
| | 13.68 | 13.28 | 12.23 | 13.09 | 14.94 | 15.54 |
| 1975: | 14.66 | 11.97 | 10.55 | 10.91 | 11.50 | 11.81 |
| | 12.24 | 13.08 | 14.06 | 15.31 | 17.39 | 19.04 |
| 1976: | 17.86 | 15.36 | 13.30 | 13.17 | 13.31 | 12.66 |
| | 12.85 | 12.64 | 12.88 | 14.96 | 16.62 | |

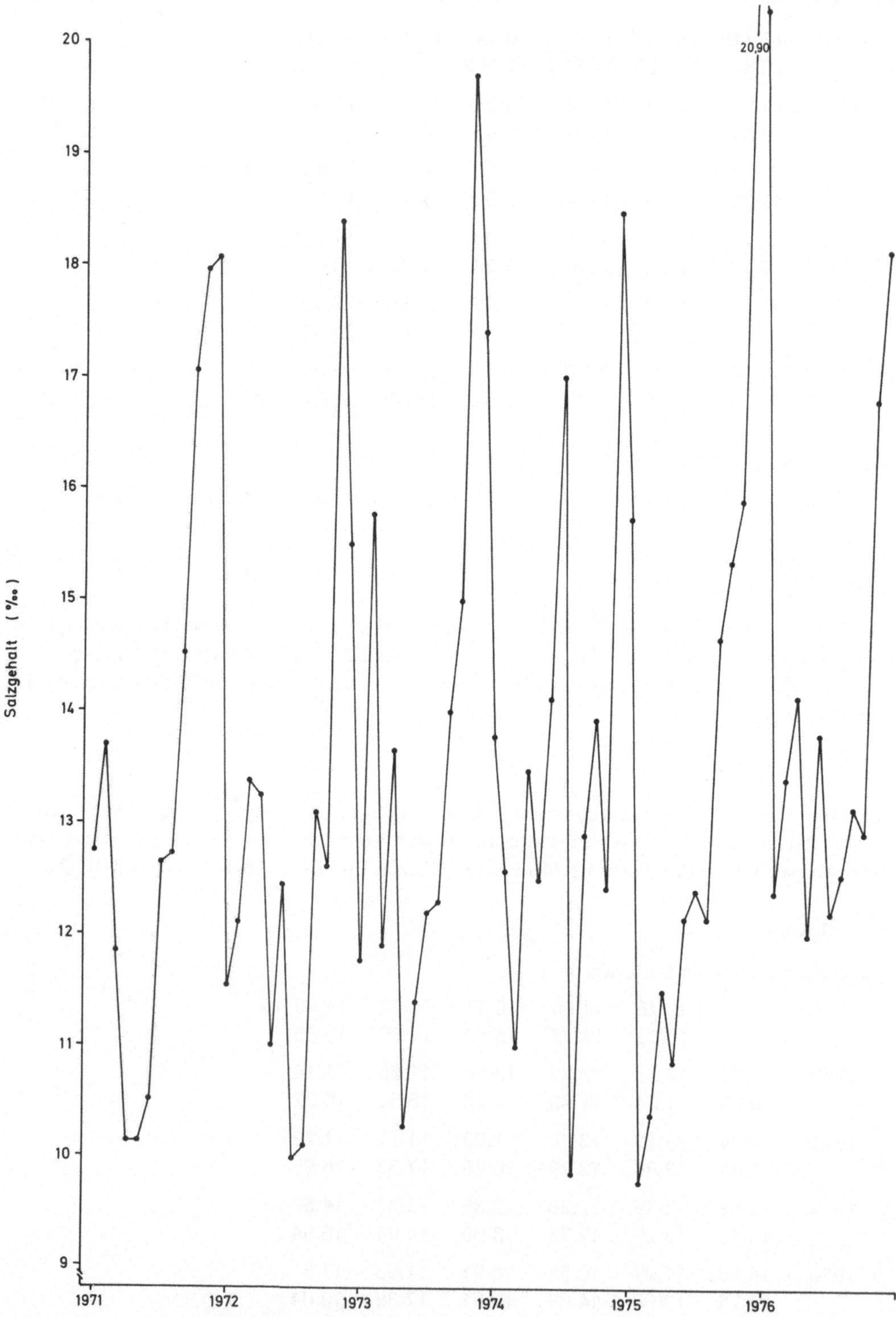


**Bild 2** Salzgehaltsschwankungen an der Oberfläche des Fehmarnbelts. Monatsmittel von täglichen Messungen (Jan. 1971 – Dez. 1976).

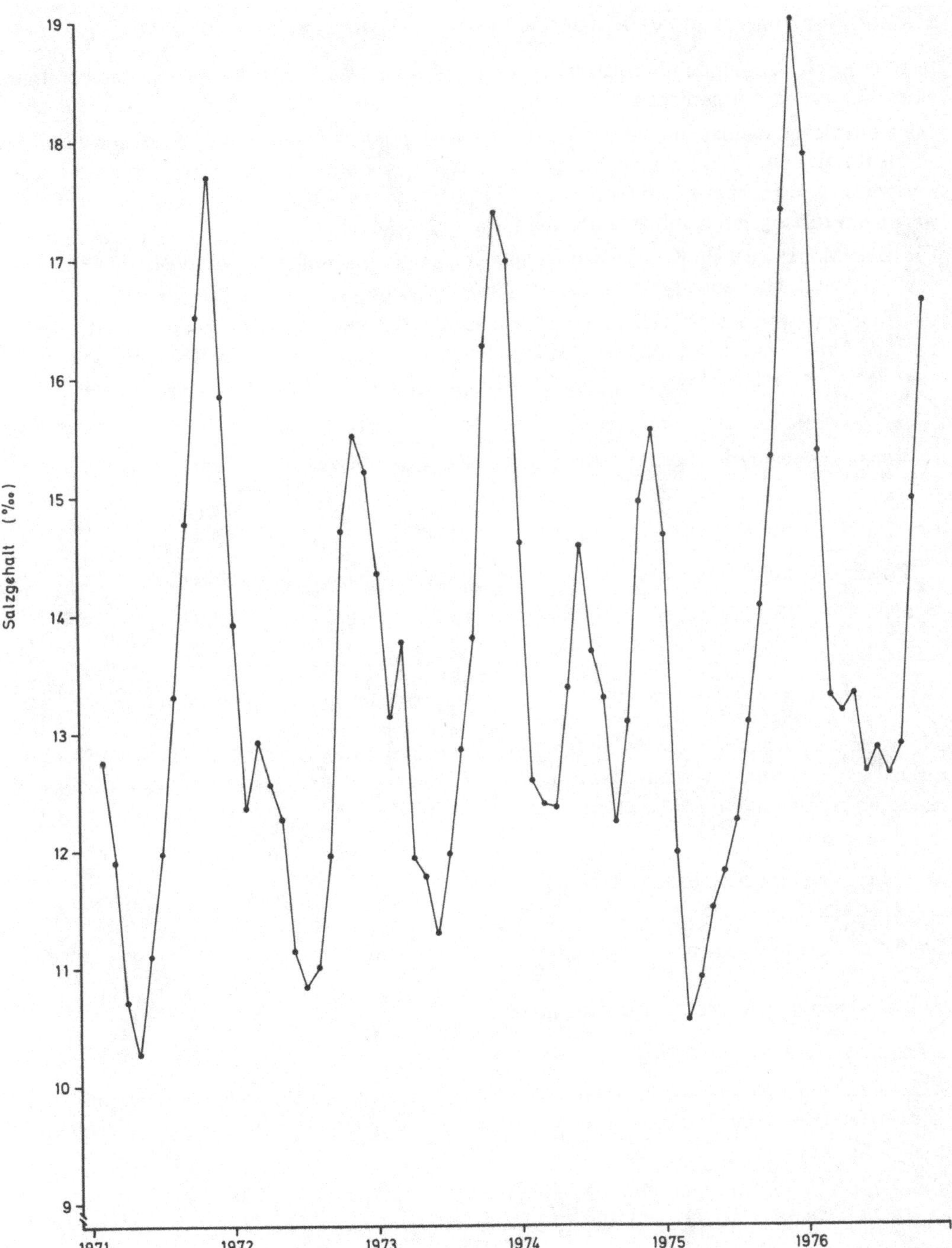


**Bild 3** Gleitende Mittelwerte für die Salzgehaltsschwankungen an der Oberfläche des Fehmarnbelts.

## c) Konfidenzintervalle zur Aufdeckung von periodischen Schwingungen

Es soll geprüft werden, ob die Salzgehaltsschwankungen an der Oberfläche des Fehmarnbelt einem Jahreszyklus unterliegen.

Die monatlichen Beobachtungen erstrecken sich über einen Zeitraum von 6 Jahren. Es liegen also je 6 Werte für jeden Kalendermonat vor. Wenn die Vermutung stimmt, daß ein Jahresrhythmus vorliegt, müssen je 6 Monatswerte um einen Mittelwert $\mu$ normalverteilt sein. Es wäre dann zulässig, ein Konfidenzintervall für $\mu$ zu berechnen.

Für jeden Monat wird ein Konfidenzintervall berechnet. Sofern sich die Intervalle aller Monate vollständig überlappen, muß die Annahme eines Jahreszyklus verworfen werden.

Der Tabellenwert c aus der Tabelle der t-Verteilung ist 2.57 (Irrtumswahrscheinlichkeit $\alpha = 5$ %, Anzahl der Freiheitsgrade = 5). Die Handhabung des Programmes KONFMY soll hier nicht mehr erläutert werden (s. *Beispiel* Abschnitt 3.4). Es folgt die Tabelle mit den Konfidenzintervallen:

| *Monat* | Januar | Februar | März | April | Mai | Juni |
|---|---|---|---|---|---|---|
| o. Gr.[1]<br>u. Gr.[2] | 17.79<br>10.84 | 14.78<br>10.66 | 13.26<br>10.72 | 14.31<br>11.08 | 12.13<br>10.15 | 13.85<br>10.96 |
| *Monat* | Juli | August | September | Oktover | November | Dezember |
| o. Gr.<br>u. Gr. | 15.20<br>10.28 | 12.97<br>10.27 | 14.54<br>12.92 | 16.23<br>12.74 | 19.98<br>14.41 | 19.91<br>16.25 |

1) obere Grenze des Konfidenzintervalls 2) untere Grenze des Konfidenzintervalls

Die Werte von Mai und Dezember sollen durch Berechnung von Schiefe und Exzeß auf Normalverteilung überprüft werden. Das Programm NORMAL soll hier auch nicht mehr in seiner Funktion erläutert werden (Abschnitt 3.3).

Die Resultate:

Mai: Schiefe: 0.30 Exzeß: 1.19
Dezember: Schiefe: 0.16 Exzeß: 1.94

Die Exzesse deuten weniger auf Normalverteilung hin.

## d) Entfernung von Trend und Dämpfung

*α Trendtest von Cox und Stuart*

Wie oben schon erläutert, wird der Trendtest anhand eines Vergleichs von dem ersten mit dem letzten Drittel der Zeitreihe durchgeführt. Folgende Wertepaare ($s_1$ und $s_2$) werden also gegenübergestellt:

| | | | | | | | |
|---|---|---|---|---|---|---|---|
| s1: 12.748 | 13.705 | 11.841 | 10.147 | 10.142 | 10.519 | 12.649 | 12.736 |
| s2: 15.74 | 9.78 | 10.38 | 11.49 | 10.86 | 12.15 | 12.41 | 12.15 |
| s1: 14.513 | 17.059 | 17.948 | 18.048 | 11.55 | 12.12 | 13.38 | 13.25 |
| s2: 14.67 | 15.35 | 15.91 | 20.90 | 20.30 | 12.38 | 13.39 | 14.14 |
| s1: 11.06 | 12.46 | 9.91 | 10.12 | 13.10 | 12.62 | 18.38 | 15.50 |
| s2: 11.99 | 13.79 | 12.21 | 12.55 | 13.15 | 12.93 | 18.80 | 18.14 |

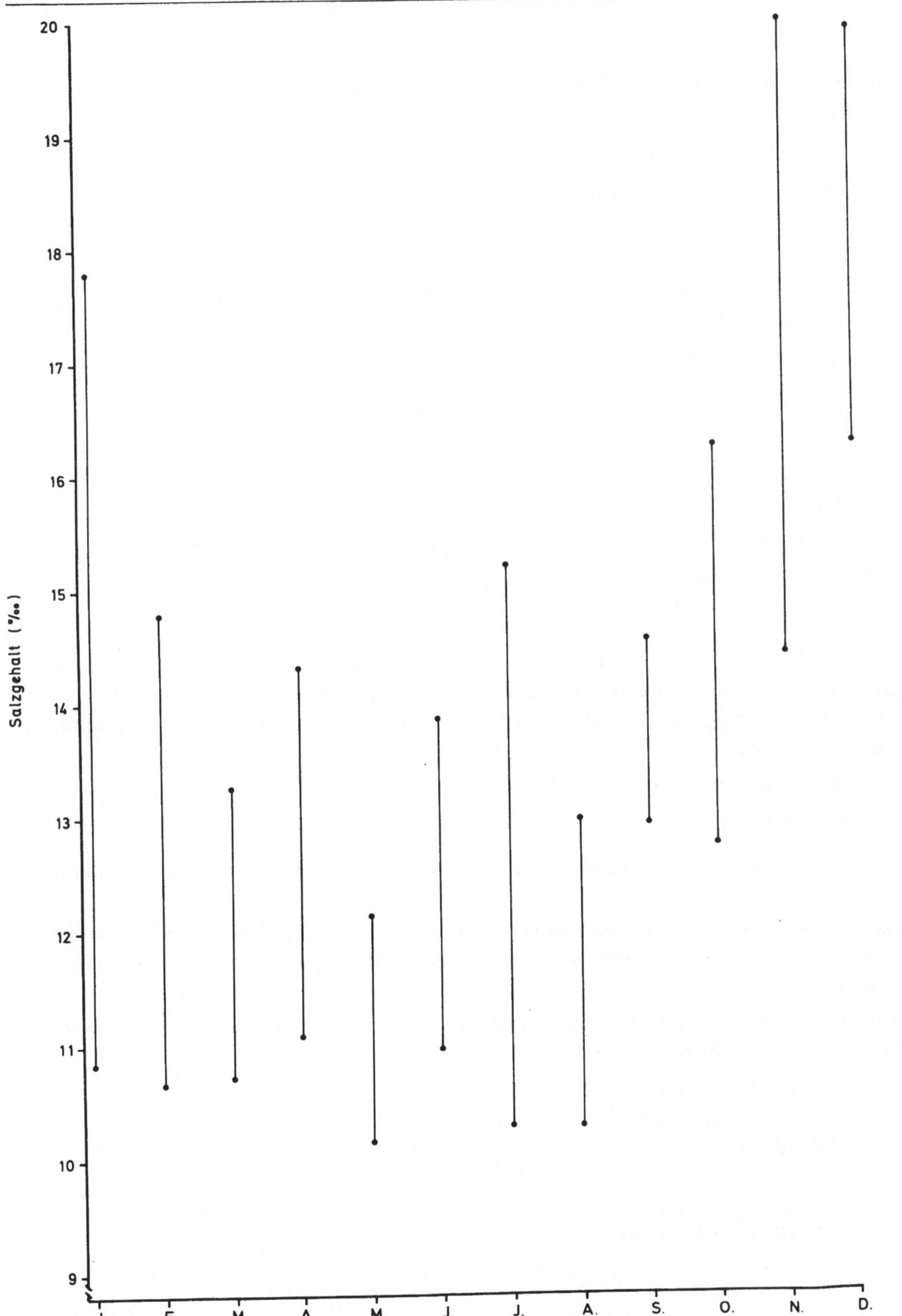


**Bild 4** Vertrauensgrenzen für die Monatsmittel (von 6 Jahren) der Salzgehaltswerte an der Oberfläche des Fehmarnbelts.

## TI-58

Nach Eingabe des Programmes COXSTU RST und 72 R/S. Danach werden folgende Werte eingetippt:

12.748 R/S 15.74 R/S 13.705 R/S 9.78 R/S ... 15.50 R/S 18.14 R/S.

Nach A wird der Testwert $\hat{z}$ angezeigt.

## PC-1211

In dem Rechner-Modus DEF wird das Programm mit RUN gestartet. Danach 72 ENTER. Die Wertepaare werden ebenfalls mit ENTER abgespeichert, also:

12.748 ENTER 15.74 ENTER 13.705 ENTER 9.78 ENTER ... 15.50 ENTER 18.14.

Durch SHFT A wird die Berechnung von z gestartet.

## Resultat

$z = 2.25$

Testen wir einseitig, kann ein Trend festgestellt werden, bei zweiseitigem Test kann kein Trend bestätigt werden.

*β Trendentfernung*

Es soll angenommen werden, daß das Resultat des Trendtests eine Bestätigung für Trend darstellt. Dieser Trend soll durch ein Polynom 5-ten Grades approximiert werden. Dabei soll außer acht gelassen werden, daß eine Zunahme des Salzgehaltes in 6 Jahren nicht plausibel erklärt werden kann.

Bei der jetzt folgenden polynomischen Regression soll $x_i$ durch

$$\varphi(x_i) = 2 \cdot \pi \cdot x_i/72 \tag{4-14}$$

ersetzt werden. Durch diese Maßnahme wird ein zu schnelles Ansteigen der aufsummierten Potenzwerte vermieden.

Diese Substitution von $x_i$ kann mit einer Erweiterung des Programmes GAUSS automatisiert werden. Der Benutzer tippt dann weiterhin $x_i$-Werte ein, die dann vom Rechner umgewandelt werden.

Wie die durch GAUSS erzeugten Registerinhalte in das lineare Gleichungssystem eingesetzt werden, zeigt nachfolgendes Schema:

$$\begin{pmatrix} 20 & 21 & 22 & 23 & 24 & 25 \\ 21 & 22 & 23 & 24 & 25 & 26 \\ 22 & 23 & 24 & 25 & 26 & 27 \\ 23 & 24 & 25 & 26 & 27 & 28 \\ 24 & 25 & 26 & 27 & 28 & 29 \\ 25 & 26 & 27 & 28 & 29 & 30 \end{pmatrix} \chi = \begin{pmatrix} 10 \\ 11 \\ 12 \\ 13 \\ 14 \\ 15 \end{pmatrix}$$

Sofern die Koeffizienten des Polynoms bekannt sind, kann man selbstverständlich die $y_i$-Werte einzeln ausrechnen lassen. Bequemer geht es mit einem Hilfsprogramm (in beiden Programmversionen), mit dessen Hilfe alle Funktionswerte nacheinander auf dem Drucker oder dem Display aufgelistet werden. Die Trendbereinigung nach Gl. (4.5) muß allerdings manuell durchgeführt werden.

## Programm GAUSS (erweiterte Version): TI-58

```
000  47 CMS
001  42 STO
002  00  00
003  91 R/S
004  35 1/X
005  65  ×
006  02  2
007  65  ×
008  89  π
009  95  =
010  42 STO
011  06  06
012  76 LBL
013  44 SUM
014  91 R/S
015  65  ×
016  43 RCL
017  06  06
018  95  =
019  42 STO
020  01  01
021  91 R/S
022  22 INV
023  87 IFF
024  01  01
025  49 PRD
026  23 LNX
027  76 LBL
028  49 PRD
029  44 SUM
030  10  10
031  42 STO
032  02  02
033  43 RCL
034  00  00
035  42 STO
036  03  03
037  01  1
038  00  0
039  42 STO
040  05  05
041  71 SBR
042  38 SIN
043  01  1
044  42 STO
045  02  02
046  43 RCL
047  00  00
048  65  ×
049  02  2
050  95  =
051  42 STO
052  03  03
053  02  2
054  00  0
055  42 STO
056  05  05
057  71 SBR
058  38 SIN
059  01  1
060  44 SUM
061  20  20
062  61 GTO
063  44 SUM
064  76 LBL
065  38 SIN
066  43 RCL
067  05  05
068  42 STO
069  04  04
070  43 RCL
071  03  03
072  44 SUM
073  04  04
074  43 RCL
075  01  01
076  45 YX
077  43 RCL
078  03  03
079  95  =
080  52 EE
081  22 INV
082  52 EE
083  65  ×
084  43 RCL
085  02  02
086  95  =
087  74 SM*
088  04  04
089  97 DSZ
090  03  03
091  38 SIN
092  92 RTN
```

Programm GAUSS wird durch 5 R/S 72 R/S initiiert. Sodann werden die Wertepaare eingegeben, also

1 R/S 12.748 R/S
2 R/S 13.705 R/S usw.

Nach der Eingabe des 72. Wertepaares werden die Registerinhalte durch 10 INV LIST zur Anzeige gebracht.

Die Berechnung des linearen Gleichungssystems wird mit 6 A 1 B vorbereitet. Danach Eingabe der Matrixspalten, also 72 R/S 229.3362637 R/S usw. Nach Abschluß der Eingabe folgen die Befehle C 1 D.

An dieser Stelle wird der Vektor (Register 10–15) eingetippt:

976.685 R/S 3174.811069 R/S usw.
CLR E 1 A′ initiiert die Berechnung von $\chi$.

Durch R/S wird jeder Wert des Vektors zur Anzeige gebracht.

Für die Errechnung und Auflistung der 72 Polynomwerte wurde ein Programm HILF geschrieben:

## Flußdiagramm und Programmtext

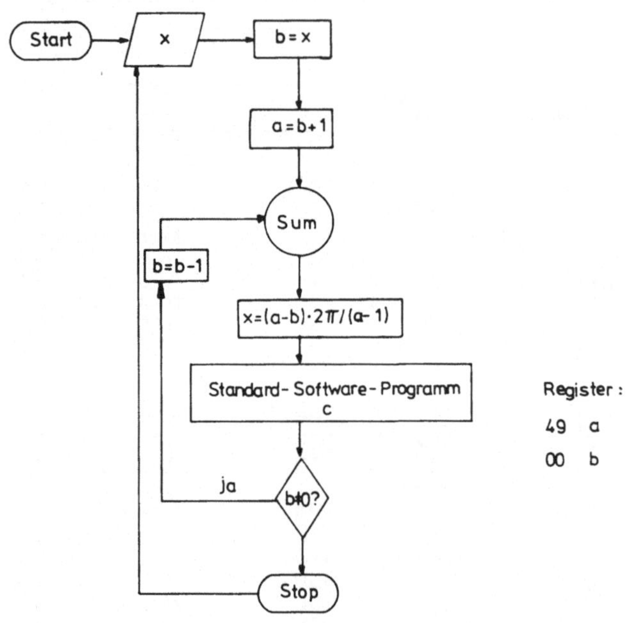


## Programm HILF: TI-58

| | | | | | | | | | | | |
|---|---|---|---|---|---|---|---|---|---|---|---|
| 000 | 42 | STO | 009 | 43 | RCL | 018 | 89 | π | 027 | 07 | 07 |
| 001 | 00 | 00 | 010 | 49 | 49 | 019 | 55 | ÷ | 028 | 13 | C |
| 002 | 85 | + | 011 | 75 | - | 020 | 53 | ( | 029 | 97 | DSZ |
| 003 | 01 | 1 | 012 | 43 | RCL | 021 | 43 | RCL | 030 | 00 | 00 |
| 004 | 95 | = | 013 | 00 | 00 | 022 | 49 | 49 | 031 | 44 | SUM |
| 005 | 42 | STO | 014 | 54 | ) | 023 | 75 | - | 032 | 91 | R/S |
| 006 | 49 | 49 | 015 | 65 | × | 024 | 01 | 1 | 033 | 81 | RST |
| 007 | 76 | LBL | 016 | 02 | 2 | 025 | 95 | = | | | |
| 008 | 44 | SUM | 017 | 65 | × | 026 | 36 | PGM | | | |

Vor Start dieses Programms wird folgendes eingegeben:
Pgm 07 5 A 0 B 11.31472113 R/S 4.625416011 R/S usw. bis 0.0135762857 R/S. Danach RST 72 R/S. Die 72 Wertepaare ($\varphi$(x) und y) werden auf den Drucker oder aufs Display gelistet.

## PC-1211

Die Erweiterung des Programmes GAUSS ist für die BASIC-Version sehr einfach. Zeile 180 wird durch folgenden Programmtext ersetzt:

```
180 A(A(5))=A(A(5))+(A(2)*2*π/72)↑A(4)*A(3)
```

Im Rechner-Modus DEF wird GAUSS mit RUN gestartet. Eingabe des Polynomgrades (= m), danach Abspeicherung der Wertepaare:

1 ENTER 12.748 ENTER
2 ENTER 13.705 ENTER
...
72 ENTER 18.140 ENTER

Mit SHFT A Beendigung des Laufs. Die Koeffizienten werden dann abgelesen:

A(10) ENTER usw. (s. Speicherplan, S. 42)

Zur Berechnung des linearen Gleichungssystems wird das Bibliotheksprogramm A-1 mit RUN gestartet. Danach 6 ENTER. Eingabe der ersten Zeile des linearen Gleichungssystems:

72 ENTER 229.33 ENTER 967.31 ENTER 4589.79 ENTER
23229.54 ENTER 122464.51 ENTER 976.685 ENTER

Der PC-1211 akzeptiert aber auch folgende Eingabeart:

A(20) ENTER A(21) ENTER A(22) ENTER A(23) ENTER A(24) ENTER
A(25) ENTER A(10) ENTER (s. Gleichungsschema S. 56)

Nach Ausgabe des Lösungsvektors können mit dem Programm POLY die Funktionswerte der Trendkurve errechnet werden. Die automatische Ausgabe aller 72 Funktionswerte wird durch folgende Modifikation von POLY erreicht:

```
60 FOR G=1 TO 72
70 D=G*2*π/72
...
140 PRINT D,G
150 NEXT G
```

POLY wird mit RUN gestartet. Eingabe von 5 (= m), danach den Lösungsvektor des linearen Gleichungssystems

11.315 ENTER 4.625 ENTER ... 0.0136 ENTER

Die 72 Wertepaare ($\varphi$(x) und y) werden nacheinander auf das Display gelistet.

## Resultate

Durch GAUSS errechnete Koeffizienten für das lineare Gleichungssystem:

| Werte | Register | Werte | Register |
|---|---|---|---|
| 976.685 | 10 | 72. | 20 |
| 3174.8[illegible]069 | 11 | 229.3362637 | 21 |
| 13540.50858 | 12 | 967.3126165 | 22 |
| 64790.3097 | 13 | 4589.790234 | 23 |
| 330181.4756 | 14 | 23229.54265 | 24 |
| 1750940.84 | 15 | 122464.512 | 25 |
| | | 664060.4828 | 26 |
| | | 3675808.419 | 27 |
| | | 20669531.79 | 28 |
| | | 117678346.5 | 29 |
| | | 67673741.1 | 30 |

(zur Aufteilung der Register s. S. 42).

Lösungsvektor für das lineare Gleichungssystem:

$a_0 = 11.31472113$
$a_1 = 4.625416011$
$a_2 = -3.693711722$
$a_3 = 1.332836315$
$a_4 = -0.2197989596$
$a_5 = 0.0135762857$

Hieraus resultiert folgende Trendfunktion:

$$y = 11.31 + 4.63x - 3.69x^2 + 1.33x^3 - 0.22x^4 + 0.01x^5$$

(Aus einer linearen Trendanpassung resultiert die Funktion $y = 12.706 + 0.27x$).
Nachfolgend die 72 Funktionswerte des Trendpolynoms:

```
.0872664626      1.221730476       2.35619449      3.490658504
11.69110869      13.43020347      13.35294515      13.54573956

.1745329252      1.308996939      2.443460953      3.577924967
12.01637599      13.43660995      13.35513527      13.56662985

.2617993878      1.396263402      2.530727415      3.665191429
12.29538905      13.43668216       13.3601099      13.58673684

.3490658504      1.483529864      2.617993878      3.752457892
12.53272442      13.43198422      13.36781413      13.60578005

0.436332313      1.570796327      2.705260341      3.839724354
12.73267746      13.42390622      13.37812624      13.62351935

.5235987756      1.658062789      2.792526803      3.926990817
12.89927058       13.4136725      13.39086594      13.63976325

.6108652382      1.745329252      2.879793266       4.01425728
13.03626148      13.40234989      13.40580258      13.65437707

.6981317008      1.832595715      2.967059728      4.101523742
13.14715141      13.39085592      13.42266344      13.66729128

.7853981634      1.919862177      3.054326191      4.188790205
13.23519338       13.3799671      13.44114196      13.67850965

0.872664626       2.00712864      3.141592654      4.276056667
13.30340045      13.37032718      13.46090598      13.68811756

.9599310886      2.094395102      3.228859116       4.36332313
13.35455395      13.36245532      13.48160598      13.69629023

1.047197551      2.181661565      3.316125579      4.450589593
13.39121171      13.35675444      13.50288333      13.70330095

1.134464014      2.268928028      3.403392041      4.537856055
13.41571634      13.35351937      13.52437856      13.70952933
```

```
4.625122518      5.061454831      5.497787144      5.934119457
13.71546957       13.7672039      13.96616953      14.55250221

 4.71238898      5.148721293      5.585053606      6.021385919
13.72173866      13.78924801      14.04257698      14.74648904

4.799655443      5.235987756      5.672320069      6.108652382
13.72908467      13.81836384      14.13656423       14.9741077

4.886921906      5.323254219      5.759586532      6.195918845
13.73839497      13.85625896      14.25086521      15.23932456

4.974188368      5.410520681      5.846852994      6.283185307
13.75070447      13.90482974      14.38844382      15.54637722
```

Die Trendbereinigung würde jetzt folgendermaßen durchgeführt werden:

| x | y | $\varphi$ (x) | $\hat{y}$ (Polynomwert) | $y - \hat{y}$ |
|---|---|---|---|---|
| 1 | 12.748 | 0.087 | 11.691 | 1.057 |
| 2 | 13.705 | 0.175 | 12.016 | 1.689 |
| 72 | 18.140 | 6.283 ($2\pi$) | 15.546 | 2.594 |

Da ein Trend im Jahresgang des Salzgehalts nicht ökologisch sinnvoll erscheint, weiterhin der Trendtest nur bedingt Auskunft über dessen Signifikanz liefert, wird auf eine Trendentfernung verzichtet.

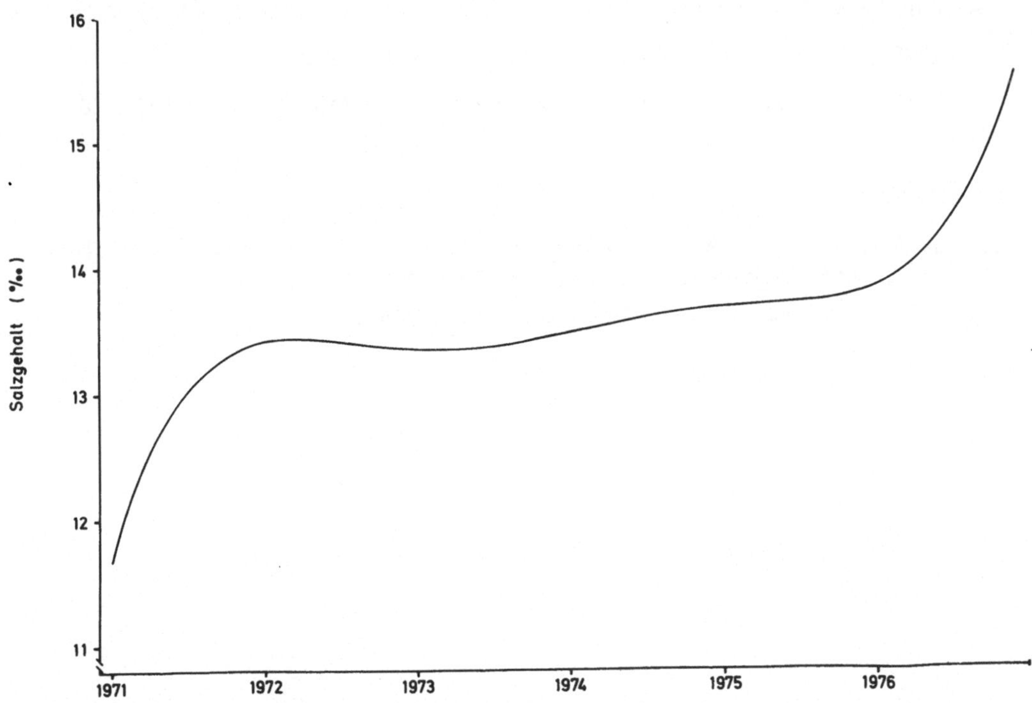


**Bild 5** Trendkurve für die Salzgehaltsschwankungen an der Oberfläche des Fehmarnbelt (Jan. 1971 – Dez. 1976)

*γ Test auf Dämpfung*

Bei der Dämpfungskontrolle gehen wir von den Originaldaten aus. Der Mittelwert $y = 13.59$ wird von jedem Meßwert subtrahiert. Die Resultate sind die Absolutwerte der Differenzen. Wir erhalten für einen Teil der 72 Werte folgende absolute Differenzen:

|  |  |  |  |  |  |  |
|---|---|---|---|---|---|---|
| 0.84, | 0.12, | 1.75, | 3.44, | 3.45, | 3.07 | |
| 0.94, | 0.85, | 0.92, | 3.47, | 4.36, | 4.46 | |
| 2.04, | 1.47, | 0.21, | 0.34, | 2.53, | 1.13 | $s_1$ |
| 3.68, | 3.47, | 0.49, | 0.97, | 4.79, | 1.91 | |
| 2.15, | 3.81, | 3.21, | 2.10, | 2.73, | 1.44 | |
| 1.18, | 1.44, | 1.08, | 1.76, | 2.32, | 7.31 | |
| 6.71, | 1.21, | 0.20, | 0.55, | 1.60, | 0.20 | $s_2$ |
| 1.38, | 1.04, | 0.44, | 0.66, | 5.21, | 4.55 | |

Mit diesen Werten wird der *Cox-Stuart*-Test durchgeführt. Der Testwert $z = 0.20$ zeigt an, daß Dämpfung nicht zu erwarten ist.

## e) Harmonische Analyse

Der Frage nach Periodizität der Zeitreihe soll in diesem Abschnitt genauer nachgegangen werden. (Die Berechnung der Konfidenzintervalle lieferte nur eine Vorinformation.) Zu diesem Zweck bedienen wir uns der harmonischen Analyse.

### TI-58

Nach Eingabe des Programms HARANA wird die Analyse durch folgende Befehle vorbereitet:

CMS RAD 72 STO 49 1/x x 2 x π = STO 47 20 STO 48 RST

Die 72 Salzgehalte werden dann mit R/S eingetippt, also 12.748 R/S 13.705 R/S 11.841 R/S usw.

### PC-1211

Start des Programms HARANA in Rechner-Modus DEF mit RUN. Danach 72 ENTER 72 ENTER 12.748 ENTER 13.705 ENTER ... 18.14 ENTER.

Durch SHFT B werden die Koeffizienten zur Anzeige gebracht.

## Resultate

*Fourier*-Koeffizienten:

| $A_k$ | | $B_k$ | | k |
|---|---|---|---|---|
| 13.59284722 | 01 | | | 0 |
| .1268680816 | 02 | -.3312864311 | 22 | 1 |
| .2117491688 | 03 | -0.390882839 | 23 | 2 |
| -.8515515098 | 04 | -.0070898631 | 24 | 3 |
| -.3425820387 | 05 | .2908725563 | 25 | |
| 0.208519547 | 06 | -.2337991665 | 26 | |
| 1.599431677 | 07 | -1.805359343 | 27 | ... |
| .2695917263 | 08 | -.1625177816 | 28 | |
| -.0319179668 | 09 | -.5222738954 | 29 | |
| .5226489853 | 10 | .2641574412 | 30 | |
| -0.008288838 | 11 | -.0800902765 | 31 | |
| .1847811227 | 12 | .6866471251 | 32 | |
| .0436944443 | 13 | -1.264445202 | 33 | |
| -.2476069423 | 14 | -.4972085406 | 34 | |
| .1403876582 | 15 | -.0267111642 | 35 | |
| -.1238557935 | 16 | .0690642644 | 36 | |
| -.2474333381 | 17 | .1092570409 | 37 | |
| .2212770406 | 18 | .3731367115 | 38 | |
| -.4570833335 | 19 | -.4632777777 | 39 | |
| -.2112147707 | 20 | -0.556876037 | 40 | |
| -.3841122181 | 21 | .0266248154 | 41 | 20 |

Mit Hilfe dieser Koeffizienten kann das Periodogramm für die ersten 20 Werte aufgestellt werden. (Wegen der Übersichtlichkeit in der Graphik wurden alle Periodogrammwerte mit 4 multipliziert.)

| k | Frequenz | Wellenlänge | Periodogrammwert |
|---|---|---|---|
| 0 | 0 | – | 184.77 * 4 |
| 1 | 0.01 | 72 | 0.25 |
| 2 | 0.03 | 36 | 0.40 |
| 3 | 0.04 | 24 | 1.45 |
| 4 | 0.06 | 18 | 0.40 |
| 5 | 0.07 | 14.40 | 0.20 |
| 6 | 0.08 | 12 | 11.64 |
| 7 | 0.10 | 10.29 | 0.20 |
| 8 | 0.11 | 9 | 0.55 |
| 9 | 0.13 | 8 | 0.69 |
| 10 | 0.14 | 7.20 | 0.01 |
| 11 | 0.15 | 6.55 | 1.01 |
| 12 | 0.17 | 6 | 3.20 |
| 13 | 0.18 | 5.54 | 0.62 |
| 14 | 0.19 | 5.14 | 0.04 |
| 15 | 0.21 | 4.80 | 0.04 |
| 16 | 0.22 | 4.50 | 0.15 |
| 17 | 0.24 | 4.24 | 0.38 |
| 18 | 0.25 | 4 | 0.85 |
| 19 | 0.26 | 3.79 | 0.71 |
| 20 | 0.28 | 3.60 | 0.30 |

Die Periodogrammwerte zeigen, daß die Annahme eines Jahresrhythmus wohl gerechtfertigt ist. Möglicherweise kann zusätzlich ein 1/2-Jahresrhythmus angenommen werden.

Die Funktion für die Salzgehaltsschwankungen an der Oberfläche des Fehmarnbelts erhält folgende Form:

$$y = 13.59 + 1.60 \cos 6x - 1.81 \sin 6x + 0.04 \cos 12x - 1.26 \sin 12x + \text{Restschwankungen}$$

(Die drei betragsgrößten Periodogrammwerte wurden unterstrichen. Die Fourier-Koeffizienten für die entsprechenden k-Werte müssen in die Funktion eingehen:

$A_0 = 13.59$ (Register 1) $B_6 = -1.81$ (Register 27)
$A_6 = 1.60$ (Register 7) $B_{12} = -1.26$ (Register 33)
$A_{12} = 0.04$ (Register 13)

Hinter die $A_k$-Werte wird „cos k x", hinter die $B_k$-Werte „sin k x" gesetzt.)

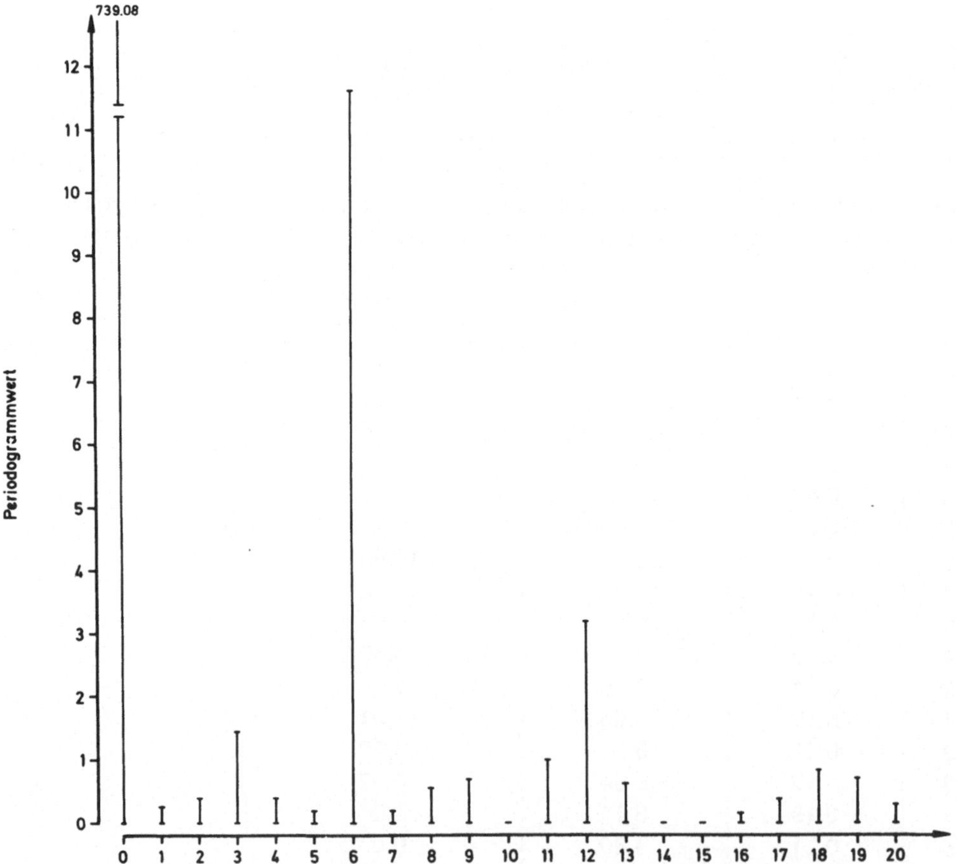


**Bild 6** Periodogramm für die Salzgehaltsschwankungen an der Oberfläche des Fehmarnbelts.

# 5 Biozönologische Programme

In diesem Kapitel wird die Lebensgemeinschaft in den Mittelpunkt der Betrachtung gestellt. Sofern man in einer fest umrissenen Untersuchungsfläche Individuen verschiedener Arten zählen kann, vermag man Artenzahl-Abundanzbeziehungen herzustellen. Nach Ansicht vieler Ökologen lassen sich aufgrund der sogenannten Diversitätsindizes Aussagen über die Stabilität von Gemeinschaften ablesen. Obwohl ich dem Diversitätskonzept skeptisch gegenüberstehe, werde ich wegen der weitverbreiteten Anwendung von Diversitätsindizes Programme zu deren Berechnung vorstellen. Ferner wird in diesem Abschnitt das Problem aufgegriffen, wie man die räumliche Verteilung einzelner Arten quantifizieren und damit bewerten kann. Als dritter Fragenkreis wird hier die Auswertung von qualitativen Protokollen (d.h. Aufzeichnungen, welche nur Auskunft über das Arteninventar geben, nicht jedoch über deren mengenmäßige Zusammensetzung) behandelt.

## 5.1 Artenzahl-Abundanzbeziehungen (Diversität)

*Ausstattung:* Taschenrechner TI-58 (mit Standard-Software-Modul)
Taschenrechner PC-1211

*Anwendung in der Ökologie:* Untersuchung von ökologischer Mannigfaltigkeit, Stabilität von Ökosystemen und Auffinden von ökologischen Nischen.

Die moderne Systemökologie mit ihren mathematischen Modellierungen hat aufgezeigt, daß man das Konzept der Stabilität neu überdenken solle (*May* 1980, S. 143 ff.). Die These, daß eine diverse Lebensgemeinschaft stabiler gegenüber äußeren Einflüssen sein soll als eine nichtmannigfaltige muß aufgrund von Computersimulationen als fraglich angesehen werden. Ferner hängt die Individuenverteilung der Arten wohl von trophischen Beziehungen ab. Ein Räuber kann nur dann in einem Lebensraum existieren, wenn die Anzahl der Beuteorganismen groß ist. Existieren mehrere Arten, welche als Beute in Frage kommen, dann wird der Räuber wahrscheinlich eine Tierart bevorzugen, sei es aus Gründen der Jagdbarkeit, sei es aus geschmacklichen Gründen. Das Verhältnis von Produzenten, Konsumenten und Destruenten in einer Gemeinschaft wirkt sich sicherlich auf einen Diversitätsindex aus, ist aber von artspezifischen und lokalen Gegebenheiten abhängig. Bezieht man Pflanzen in das Artenzahl-Abundanz-Konzept mit ein, wird man vor unüberwindliche Schwierigkeiten gestellt. Wie soll man denn in der Botanik ein Individuum definieren? Stöcke sessiler Tiere stellen den Bearbeiter vor ein ähnliches Problem.

*Schwerdtfeger* (1975, S. 113) hat anhand eines praktischen Beispiels offensichtlich den Wert von Diversitätsindizes in Frage gestellt. Da die theoretische Diskussion über die Verwendbarkeit von Artenzahl-Abundanzbeziehungen noch nicht abgeschlossen ist, viele Praktiker jedoch in der Berechnung von Diversitätsindizes einen Sinn sehen, habe ich mich, wie oben schon erwähnt, entschlossen, Taschenrechnerprogramme für einige bedeutende Diversitätsindizes vorzustellen.

## a) Das *Fischer*-Konzept

Aus der Formel

$$S = \alpha \ln(1 + N/\alpha) \quad (5\text{-}1)$$

(S = Artenzahl, N = Individuenzahl aller Arten)

kann nur unter Schwierigkeiten der sogenannte Mannigfaltigkeitsindex $\alpha$ (s.a. *Stugren* 1978, S. 114) berechnet werden. Meistens wird er aus Nomogrammen abgelesen.

Man kann mit dem programmierbaren Taschenrechner die Aufgabe recht elegant lösen, wenn man sich klar macht, daß die Berechnung des Mannigfaltigkeitsindexes gleichbedeutend ist mit der Aufgabe, für die Funktion

$$f(\alpha) = \alpha \ln(1 + N/\alpha) - S \quad (5\text{-}2)$$

einen Wert $\alpha$ zu finden, so daß $f(\alpha) = 0$ wird. Nullstellen einer beliebigen Funktion (sofern sie stetig ist) können mit Hilfe von Bibliotheksprogrammen der Rechner-Hersteller gelöst werden.

## TI-58

Das Programm MANNIG enthält die Funktion, aus der $\alpha$ mit dem Programm 8 des Standard-Software-Moduls gefunden werden kann. Das Programm wird durch folgende Befehlskette gestartet:

N STO 10 S STO 11
PGM 08 8 +/− INV LOG A N B: 10 = C .001 D E

## PC-1211

Für die Berechnung von $\alpha$ kann das Bibliotheksprogramm A-7 („Applications Manual") verwendet werden. Nach Eingabe des Programms inklusive der Ergänzungen und Modifikationen (s.u.) wird der Lauf mit RUN gestartet. Nach Eingabe von S und N mit ENTER wird $\alpha$ berechnet.

## Flußdiagramm und Programmtexte

Mannig

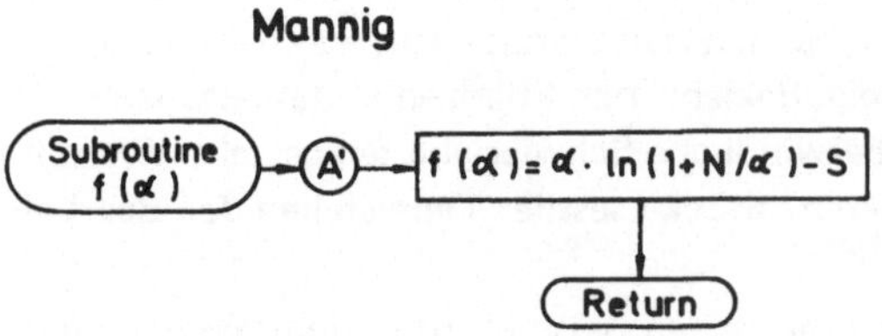

Subroutine f (α) → (A') → f (α) = α · ln (1+N/α) − S → Return

Register

10 N
11 S

## Programm MANNIG: TI-58

```
000  76 LBL      006  65  ×       012  23 LNX
001  16 A'       007  43 RCL      013  75  -
002  65  ×       008  10  10      014  43 RCL
003  53  (       009  85  +       015  11  11
004  24 CE       010  01  1       016  54  )
005  35 1/X      011  54  )       017  92 RTN
```

Modifikation und Ergänzung des PC-1211-Programms

```
  5  INPUT "S: "; S: INPUT "N: "; N
 10  C=10:A=.001
     ...
500  B=X LN(1+N/X)-S
```

### b) *Brillouin*-Index

Als zweiter Diversitätsindex soll der von *Brillouin* vorgestellt werden:

$$H = 1/N \cdot \ln \frac{N!}{N_1! \cdot N_2! \ldots N_s!} \qquad (5\text{-}3)$$

$N_i$ = Individuenzahl bei Art i
N = Gesamtindividuenzahl
S = Artenanzahl

## TI-58

Die Verwendung des Standard-Softmoduls des TI-58 zur Berechnung von Fakultäten ist hier nicht angezeigt. Zum einen kann maximal nur 69! berechnet werden, zum anderen beansprucht die rekursive Rechnung sehr viel Zeit. Für die Berechnung von logarithmierten Fakultäten wurde hier die Näherungsformel von *Stirling* verwendet:

$$\ln(x!) = x \cdot \ln x - x + \ln(2\pi x)/2 + 1/(12x) \qquad (5\text{-}4)$$

Das Programm BRISTI berechnet den *Brillouin*-Index nach dieser Methode.

Nach Eingabe des Programms und Drücken der RST-Taste wird jedes $N_i$ durch R/S eingegeben. Nachdem auch $N_s$ eingetippt worden ist, kann H direkt vom Display abgelesen werden.

Nach erneutem RST ist der Rechner für eine neue Berechnung vorbereitet.

## PC-1211

Wie für das TI-58-Programm werden auch in der BASIC-Version von BRISTI die Fakultäten durch die *Stirling*-Näherung (5-4) ermittelt.

In dem Rechner-Modus DEF wird die Diversitätsberechnung mit RUN gestartet. Nach Eingabe des letzten Wertes wird die Anzeige von H durch SHFT B initiiert.

## Flußdiagramm und Programmtexte

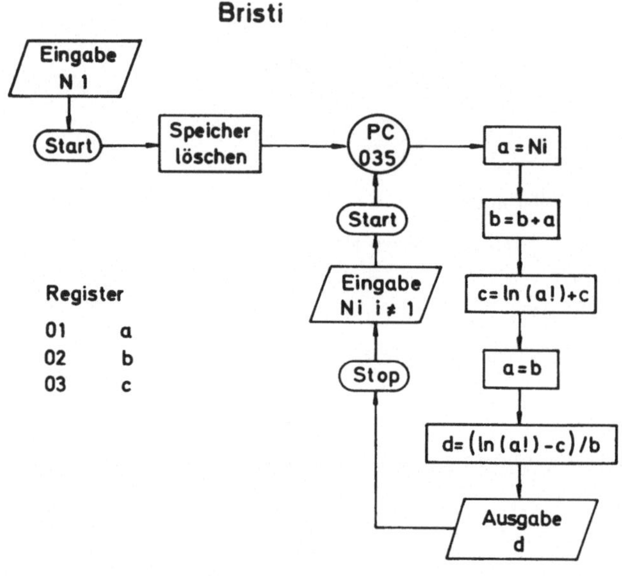


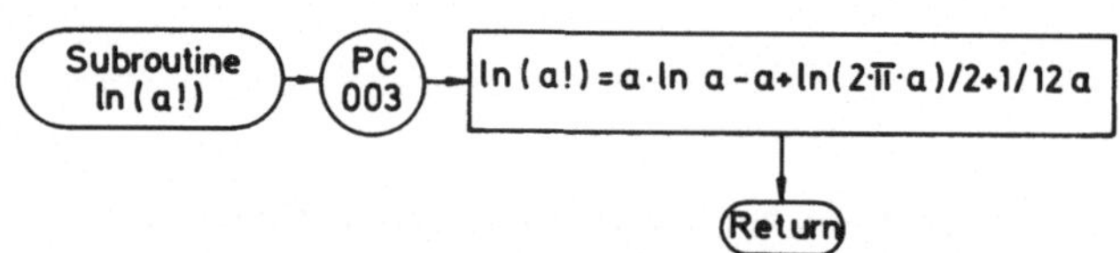


### Programm BRISTI: TI-58

```
000  61  GTO
001  00  00
002  34  34
003  53  (
004  43  RCL
005  01  01
006  65  ×
007  24  CE
008  23  LNX
009  75  -
010  43  RCL
011  01  01
012  85  +
013  53  (
014  02  2
015  65  ×
016  89  π
017  65  ×
018  43  RCL
019  01  01
020  54  )
021  23  LNX
022  55  ÷
023  02  2
024  85  +
025  01  1
026  55  ÷
027  01  1
028  02  2
029  55  ÷
030  43  RCL
031  01  01
032  54  )
033  92  RTN
034  47  CMS
035  42  STO
036  01  01
037  44  SUM
038  02  02
039  71  SBR
040  00  00
041  03  03
042  44  SUM
043  03  03
044  53  (
045  43  RCL
046  02  02
047  42  STO
048  01  01
049  71  SBR
050  00  00
051  03  03
052  75  -
053  43  RCL
054  03  03
055  54  )
056  55  ÷
057  43  RCL
058  02  02
059  95  =
060  91  R/S
061  61  GTO
062  00  00
063  35  35
```

## Programm BRISTI: PC-1211

```
    034–034     10  CLEAR
    035–036     20  INPUT "NI: "; A(1)
    037–038     30  A(2)=A(2)+A(1)
    039–041     40  GOSUB 120
    042–043     50  A(3)=A(3)+A(5)
    045–048     60  A(1)=A(2)
    049–051     70  GOSUB 120
    044–059     80  A(4)=(A(5)-A(3))/A(2)
                90  GOTO 20
B              100  PRINT A(4)
               110  END
    003–032    120  A(5)=A(1)*LN(A(1))-A(1)+LN(2*π*A(1))/2+1/(12*A(1))
    033–033    130  RETURN
```

Bei Benutzung eines größeren Computers muß folgende Zeile ergänzt werden:

```
25  IF A(1)=777.777 THEN 100
```

### c) *Shannon*-Index [1]

Dieses am häufigsten verwendete Diversitätsmaß wird meistens folgendermaßen definiert:

$$H' = -\sum_{i=1}^{S} (N_i/N) \cdot \log(N_1/N) \qquad (5\text{-}5)$$

S = Artenzahl
$N_i$ = Anzahl bei der Art i

$$N = \sum_{i=1}^{S} N_i$$

Vor Verwendung eines programmierbaren Taschenrechners lohnt sich eine Umformung:

$$H' = \log N - 1/N \sum_{i=1}^{S} (N_i \cdot \log N_i) \qquad (5\text{-}6)$$

Wird H' durch log S dividiert, erhält man einen relativen Diversitätsindex, der auch als Evenness bezeichnet wird.

## TI-58

Nach Eingabe von $N_1$ in das Programm SHAWEA wird die A'-Taste bedient. Alle weiteren Ni-Werte werden dann mit A eingetippt. Nach Eingabe von $N_s$ kann H' wieder direkt vom Display abgelesen werden. Durch B bringt man den Evennesswert zur Anzeige.

---

1) *Rosanow* (1974, S. 42 f.) weist nach, daß der *Shannon*-Index für N → ∞ identisch mit dem *Brillouin*-Index ist.

## PC-1211

Das Programm SHAWEA wird im Rechner-Modus DEF mit RUN gestartet. Danach wird $N_1$ mit ENTER abgespeichert. Mit SHFT A werden sodann alle anderen $N_i$ (i = 2, S) eingetippt. Der Wert, welcher nach der Eingabe von $N_s$ angezeigt wird stellt H′ dar. Zur Berechnung der Evenness wird SHFT B gedrückt.

### Flußdiagramm und Programmtexte

**Shawea**

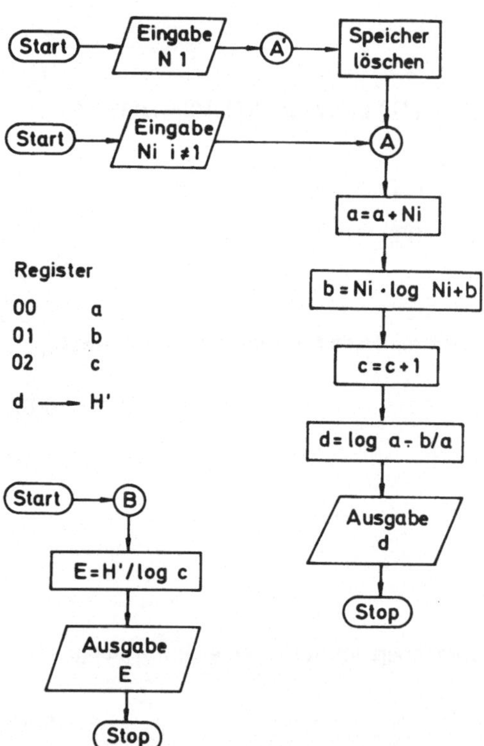


## Programm SHAWEA: TI-58

```
000  76 LBL
001  16 A'
002  47 CMS
003  76 LBL
004  11 A
005  44 SUM
006  00 00
007  65 ×
008  28 LOG
009  95 =
010  44 SUM
011  01 01
012  01 1
013  44 SUM
014  02 02
015  43 RCL
016  01 01
017  55 ÷
018  43 RCL
019  00 00
020  95 =
021  94 +/-
022  85 +
023  43 RCL
024  00 00
025  28 LOG
026  95 =
027  92 RTN
028  61 GTO
029  11 A
030  76 LBL
031  12 B
032  55 ÷
033  43 RCL
034  02 02
035  28 LOG
036  95 =
037  92 RTN
```

**Programm SHAWEA: PC-1211**

```
A'  000–002   10 CLEAR
A   003–004   20 INPUT "NI: "; A(6)
    005–006   30 A(1)=A(1)+A(6)
    007–011   40 A(2)=A(2)+A(6)*LOG(A(6))
    012–014   50 A(3)=A(3)+1
    015–026   60 A(4)=LOG(A(1))-A(2)/A(1)
    027–027   70 PRINT A(4)
    028–029   80 END
B   030–036   90 A(5)=A(4)/LOG(A(3))
    037–037  100 PRINT A(5)
    037–037  110 END
```

Bei Verwendung von größeren Computern muß die Zeile 80 folgendermaßen geändert werden:

```
80 INPUT "EVENNESS=1 SONST 0 "; A(6): IF A(6)=0 THEN 20
```

### d) *Simpson*-Index

Ebenfalls häufig wird folgender Diversitätskoeffizient verwendet:

$$I = \sum_{i=1}^{S} \frac{N_i (N_i - 1)}{N (N - 1)} \qquad (5\text{-}7)$$

### TI-58

Dieser Index kann mit Hilfe des Programms SIMPSON errechnet kann mit Hilfe des Programms SIMPSON errechnet werden. Wie bei SHAWEA wird $N_1$ durch A' eingetippt. Alle übrigen $N_i$-Werte folgen mit A. Nach der letzten Eingabe kann I direkt abgelesen werden.

### PC-1211

Programm SIMPSON wird mit RUN im Rechner-Modus DEF gestartet. Alle Individuenzahlen von $N_1$ bis $N_S$ werden mit ENTER gespeichert. Danach wird die Anzeige des Diversitätsindex mit SHFT B eingeleitet.

## Flußdiagramm und Programmlisten

Simpso

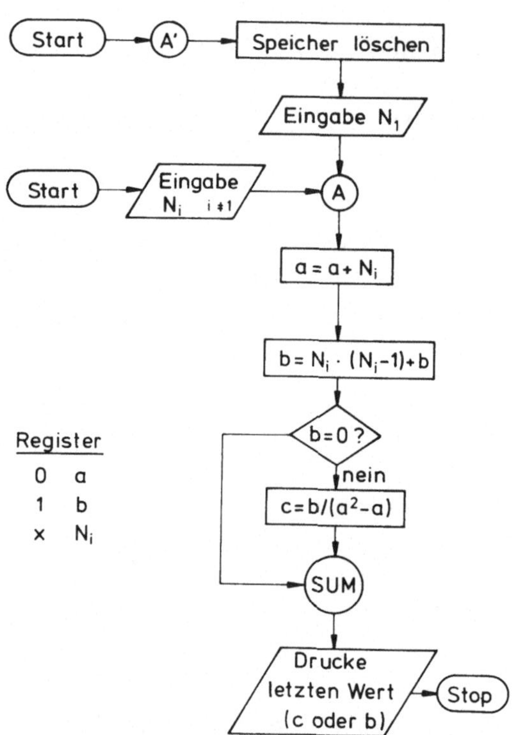


**Programm SIMPSON: TI-58**

```
000  76 LBL
001  16 A'
002  47 CMS
003  76 LBL
004  11  A
005  44 SUM
006  00  00
007  65  ×
008  53  (
009  24 CE
010  75  -
011  01  1
012  95  =
013  44 SUM
014  01  01
015  43 RCL
016  01  01
017  67  EQ
018  44 SUM
019  55  ÷
020  53  (
021  43 RCL
022  00  00
023  65  ×
024  53  (
025  24 CE
026  75  -
027  01  1
028  95  =
029  76 LBL
030  44 SUM
031  92 RTN
032  61 GTO
033  11  A
```

**Programm SIMPSON: PC-1211**

```
A'   000–002   10   CLEAR
A    003–004   20   INPUT "NI: "; A(3)
     005–006   30   A(1)=A(1)+A(3)
     007–014   40   A(2)=A(2)+A(3)*(A(3)–1)
     015–018   50   IF A(2)=0 THEN 70
     019–028   60   A(4)=A(2)/(A(1)*(A(1)–1))
SUM  029–033   70   GOTO 20
B              80   PRINT A(4)
               90   END
```

Bei Benutzung eines größeren Rechners muß folgende Zeile hinzugefügt werden:

```
25   IF A(3)=777.777 THEN 80
```

## e) Beispiel

Ein Tierbestand habe folgende Zusammensetzung:

| Tierart | Anzahl Individuen/$m^2$ |
|---|---|
| 1 | 116 |
| 2 | 116 |
| 3 | 39 |
| 4 | 115 |
| 5 | 39 |
| 6 | 501 |
| 7 | 39 |
| 8 | 39 |
| 9 | 77 |
| 10 | 39 |
| 11 | 39 |
| | N = 1159 |

Für dieses Protokoll sollen die verschiedenen abgehandelten Diversitätsindizes abgehandelt werden.

*Fischer-Konzept*

Als Lösungswert wird = 1.68 ausgegeben

*Brillouin-Index*

Für das gerechnete Beispiel ist H = 1.89

*Shannon-Index*

H' = 0.83, E = 0.83

*Simpson-Index*

I = 0.23

## 5.2 „Musteranalyse"

*Ausstattung:* Taschenrechner TI-58 + Drucker,
PC-1211-Drucker

*Anwendung in der Ökologie:* Soziabilitätsuntersuchungen in der Vegetationskunde; Ballungsindizes für Tierpopulationen (s.a. *Mühlenberg* 1976).

In diesem Kapitel soll eine Methode zur Analyse der räumlichen Verteilung *einer* Art vorgestellt werden. Dispersionsanalysen sind dann von Interesse, wenn man vermutet, daß sich Individuen einer Art nichtzufällig verteilen. Sofern man Abweichungen vom Zufall erkennt, muß man selbstverständlich Überlegungen darüber anstellen, worauf dieses gesetzmäßige Muster beruht. Handelt es sich womöglich um artspezifische Verteilung, wird die Dispersion etwa durch den Lebensraum vorgegeben, oder sind gar interspezifische Wechselwirkungen hierfür verantwortlich. Das hier vorgestellt Verfahren kann nur als erster Einstieg in das sicherlich reizvolle Gebiet der Mustererkennung angesehen werden, eine Ausweitung der Thematik würde hier aber den Rahmen sprengen.

In einem endlichen (fest umrissenen) Areal seien N Individuen einer Art zufällig verteilt. Diese Fläche wird in n Quadrate zu je a Quadratmeter unterteilt. Die Wahrscheinlichkeit, in irgendeinem Quadrat x Individuen zu finden ist dann

$$f(x) = \binom{n}{x} \cdot p^x \cdot (1-p)^{n-x} \qquad (5\text{-}7)$$

(Begründung s. Statistikbücher, z.B. *Kreyszig* 1970, S. 107 ff.). Die mittlere Individuenzahl $\mu$ in den n Quadraten ist

$$\mu = n \cdot p \qquad (5\text{-}8)$$

Wir gehen jetzt von einem quasi unendlichen Areal aus. Auch dieses wird in Quadrate von je a Quadratmeter Fläche unterteilt. Logischerweise muß n dann gegen unendlich konvergieren, gleiches passiert natürlich mit N. Wir fordern, daß aber die mittlere Individuenzahl $\mu$ erhalten bleiben soll. Gl. (5-7) strebt dann gegen

$$f(x) = \frac{\mu^x}{x!} e^{-\mu} \qquad (5\text{-}9)$$

(Begründung s. Statistikbücher, z.B. *Kreyszig* 1970, S. 115.) Die Varianz $\sigma^2$ dieser sogenannten *Poisson*-Verteilung beträgt

$$\mu = \sigma^2 \qquad (5\text{-}10)$$

Bei praktischen Untersuchungen wird $\mu$ durch das arithmetische Mittel $\bar{x}$ und $\sigma^2$ durch $s^2$ geschätzt (s. Abschnitt 3.2). Den Quotienten

$$d = s^2/\bar{x} \qquad (5\text{-}11)$$

bezeichnen wir als Dispersionsindex. Seine Bedeutung für die Erkennung der Individuenverteilung in einem Untersuchungsareal können wir aus den bisherigen Erläuterungen ableiten. Wenn $d \approx 1$ dann bedeutet das, daß die Individuen einer Art tatsächlich zufällig vorkommen. Wenn $d \approx 0$ ist, dann kommen in jedem Quadrat $\bar{x}$ Individuen vor, es liegt Gleichverteilung vor. Wird $s^2$ sehr groß, dann gibt es stellenweise Aggregationen von Individuen, während an anderen Stellen möglicherweise überhaupt kein Individuum vorkommt. Durch ein großes d wird also eine klumpenmäßige Verteilung angezeigt.

Der Dispersionsindex wird gewiß von der Größe der Quadrate und der der gesamten Untersuchungsfläche abhängen. An konkreten Beispielen soll dies klar gemacht werden: Es soll die Verteilung von Bäumen in einem homogenen (!) Areal untersucht werden.

1. Beschränkt sich die gesamte Untersuchungsfläche nur auf einen Wald und umfaßt ein einzelnes Quadrat nur wenige Bäume, dann wird d relativ klein sein.

2. Umfaßt das gesamte Untersuchungsgelände nicht nur einen Wald sondern auch Felder und Siedlungen und entspricht die Größe einer Einzelfläche einer durchschnittlichen Waldgröße, dann wird die Varianz und damit auch d sehr viel größer sein.

3. Man dehne jetzt die Untersuchungsfläche auf die gesamte Bundesrepublik aus (man nehme einmal homogene Struktur an) und vergrößere die Einzelquadrate auf Quadratkilometergröße. Man wird jetzt einen sehr viel kleineren Dispersionsindex als für 2. erwarten dürfen.

Die Varianz $s^2$ wird dann besonders groß sein, wenn die Fläche eines Einzelquadrats in etwa der mittleren Ausdehnung eines Individuenhaufens entspricht (sofern man Homogenität des Gesamtareals voraussetzt).

Auf diesen Grundlagen basiert die Klumpungsanalyse, welche durch angelsächsische Vegetationskundler (z.B. *Greig-Smith* 1961, *Kershaw* 1957, *Orloci* 1971) in die Ökologie eingeführt wurde. Es soll hier die Analysentechnik von *Orloci* (1971) vorgestellt werden, die sich trotz einiger Modifikationen auf das vorgestellt Grundkonzept zurückführen läßt.

Über einen Bestand wird ein Netz gelegt. Pro Netzquadrat wird die Anzahl der Individuen der interessierenden Art gezählt. Die Anzahl der Quadrate sei c, und $f_i$ sei die Individuenzahl im i-ten Quadrat. Es sei dann

$$z = 0, 1, \dots, \text{int}(\log_2 c) - 1 \qquad (5\text{-}12)^{1)}$$

$$d(z) = \text{int}(c/2^z) \qquad (5\text{-}13)$$

$$N(z) = \sum_{i=0}^{d(z)-1} \sum_{i=1}^{2^z} f_{(2^z \cdot j + i)} \qquad (5\text{-}14)$$

$$a(z) = \sum_{j=0}^{d(z)-1} \left( \sum_{i=1}^{2^z} f_{(2^z \cdot j + i)} \cdot \log_e \left( \sum_{i=1}^{2^z} f_{(2^z \cdot j + i)} \right) \right) \qquad (5\text{-}15)$$

$$I(z) = 2\,N(z) \cdot (\log_e d(z) + a(z)/N(z) - \log_e N(z)) \qquad (5\text{-}16)$$

$$x = 1, 2, \dots, \text{int}(\log_2 c) - 1 \qquad (5\text{-}17)$$

$$g(x) = I(x) - I(x-1) \qquad (5\text{-}18)$$

g(x) soll im weiteren Verlauf des Textes als Klumpungsfunktion bezeichnet werden. x wird als „Maschengröße" des Netzes interpretiert. Bei Betrachtung von Gln. (5-14) und (5-15) erkennt man, daß für jeden z-Wert $2^z$ Einzelquadrate des ursprünglichen Netzes zu einem „künstlichen" Quadrat zusammengesetzt werden. Das Netz wird also schrittweise vergröbert. Klumpungen sind als Inhomogenitäten in der Populationsverteilung anzusehen. Ein zu feinmaschiges Netz zeigt keine Klumpungen auf, ein zu grobmaschiges ebenfalls nicht. Nur wenn die Größe der Netzquadrate einigermaßen der Durchschnittsgröße der Klumpen entspricht, können diese rechnerisch wahrgenommen werden.

1) Unter int(n) wird der ganzzahlige Teil einer Zahl n verstanden

Der y-Wert der Klumpungsfunktion stellt ein Inhomogenitätsmaß dar. Sofern die Population nicht inhomogen im Netz verteilt vorkommt, zeigen relative Maxima der Klumpungsfunktion Anhäufungen von Individuen an.

## TI-58

Mit dem TI-Programm PATTER kann eine oben beschriebene Klumpungsanalyse durchgeführt werden. Die $f_i$-Werte werden normalerweise mit R/S eingegeben. Wenn jedoch eine ausreichende Zahl von gleichen Werten folgt, so kann die Eingabe durch n x ⇌ t $f_i$ R/S beschleunigt werden. Mit der Taste A wird die Berechnung von I (z) eingeleitet. Der Druckoutput enthält die Werte für ein vergröbertes Netz. Werden diese als $f_i$-Werte für weitere Berechnungen verwendet, so kann mit Leichtigkeit I (z + 1) errechnet werden.

## PC-1211

In dem Rechner-Modus DEF wird das Programm normalerweise mit SHFT B gestartet. Danach wird der erste $f_i$-Wert mit ENTER eingetippt. Nach einiger Zeit zeigt der Rechner durch das Bereitschaftszeichen die Verarbeitung von $f_i$ an. Theoretisch könnte man alle $f_i$-Werte mit SHFT B abspeichern. Wenn aber $f_i$ mehrmals hintereinander vorkommt, wird nach SHFT C zunächst die Anzahl der Iterationen eingegeben, danach erst $f_i$ selbst.

Sobald alle Werte der Matrix (bzw. des Gitters) eingegeben sind, wird mit SHFT A der Druck des I (z)-Wertes eingeleitet.

Wie bei der Programmversion für den TI-58 enthält der Druckeroutput die Werte für ein vergröbertes Gitter. Werden diese als neue $f_i$-Werte in den PC-1211 eingegeben, dann erhält man schließlich I (z + 1) usw.

Es lohnt sich nicht, dieses Programm auf einen größeren Rechner zu übertragen. Die ständige Neueingabe von Werten muß als Zugeständnis an die relativ geringe Speicherkapazität des Taschenrechners angesehen werden. Interessenten können auf Anfrage vom Autor ein TRS-80-BASIC-Programm mit größerem Komfort erhalten.

## Flußdiagramm und Programmtexte

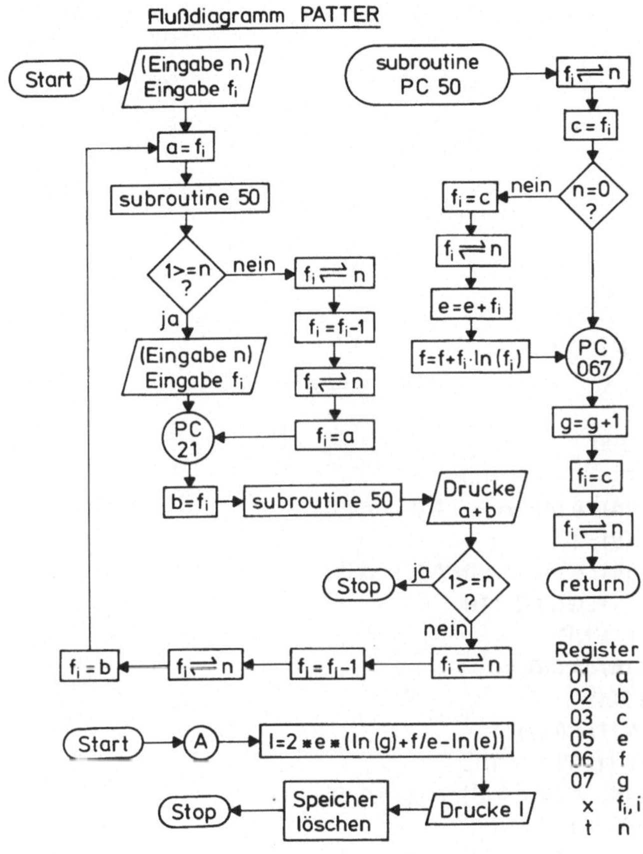


### Programm PATTER: TI-58

```
000  42  STO
001  01   01
002  71  SBR
003  00   00
004  50   50
005  01   1
006  77   GE
007  00   00
008  19   19
009  32  X:T
010  75   -
011  01   1
012  95   =
013  32  X:T
014  43  RCL
015  01   01
016  61  GTO
017  00   00
018  21   21
019  00   0
020  91  R/S
021  42  STO
022  02   02
023  71  SBR
024  00   00
025  50   50
026  43  RCL
027  01   01
028  85   +
029  43  RCL
030  02   02
031  95   =
032  99  PRT
033  01   1
034  77   GE
035  00   00
036  47   47
037  32  X:T
038  75   -
039  01   1
040  95   =
041  32  X:T
042  43  RCL
043  02   02
044  61  GTO
045  00   00
046  49   49
047  00   0
048  91  R/S
049  81  RST
050  32  X:T
051  42  STO
052  03   03
053  00   0
054  67   EQ
055  00   00
056  67   67
057  43  RCL
058  03   03
059  32  X:T
```

```
060  44 SUM
061  05  05
062  65  ×
063  23 LNX
064  95  =
065  44 SUM
066  06  06
067  01  1
068  44 SUM
069  07  07
070  43 RCL
071  03  03
072  32 X:T
073  92 RTN
074  76 LBL
075  11  A
076  02  2
077  65  ×
078  43 RCL
079  05  05
080  65  ×
081  53  (
082  43 RCL
083  07  07
084  23 LNX
085  85  +
086  43 RCL
087  06  06
088  55  ÷
089  43 RCL
090  05  05
091  75  -
092  43 RCL
093  05  05
094  23 LNX
095  95  =
096  91 R/S
097  47 CMS
098  81 RST
099  00  0
```

## Programm PATTER: PC-1211

```
C                10  INPUT "N:"; A(4)
B                20  INPUT "FI:"; A(8): IF A(10)=1 THEN 110
     000–001     30  A(1)=A(8)
     002–004     40  GOSUB 200
     005–008     50  IF 1>=A(4) THEN 100
     009–009     60  A(9)=A(4): A(4)=A(8): A(8)=A(9)
     010–012     70  A(8)=A(8)-1
     013–013     80  A(9)=A(4): A(4)=A(8): A(8)=A(9)
     014–018     90  A(8)=A(1): GOTO 110
                100  A(10)=1: END
     021–022    110  A(2)=A(8): A(10)=0
     023–025    120  GOSUB 200
     026–032    130  PRINT A(1)+A(2)
     033–036    140  IF 1>=A(4) THEN 190
     037–037    150  A(9)=A(4): A(4)=A(8): A(8)=A(9)
     038–040    160  A(8)=A(8)-1
     041–041    170  A(9)=A(4): A(4)=A(8): A(8)=A(9)
     042–046    180  A(8)=A(2): GOTO 30
     047–049    190  END
     050–050    200  A(9)=A(4): A(4)=A(8): A(8)=A(9)
     051–052    210  A(3)=A(8)
     053–056    220  IF A(4)=0 THEN 270
     057–058    230  A(8)=A(3)
     059–059    240  A(9)=A(4): A(4)=A(8): A(8)=A(9)
     060–061    250  A(5)=A(5)+A(8)
     062–066    260  A(6)=A(6)+A(8)*LN(A(8))
     067–069    270  A(7)=A(7)+1
     070–071    280  A(8)=A(3)
     072–072    290  A(9)=A(4): A(4)=A(8): A(8)=A(9)
     073–073    300  RETURN
     074–095    310  A(8)=2*A(5)*(LN(A(7))+A(6)/A(5)-LN(A(5)))
                320  PRINT A(8): CLEAR
                330  END
```

## Beispiel

Wir greifen das Beispiel von Abschnitt 3.2 (S. 12) wieder auf. Dort war ein räumliches Muster für das Bartgras *Andropogon scoparius* aufgestellt worden. Für diese Daten soll eine Musteranalyse durchgeführt werden.

$\bar{x}$ und s waren in Abschnitt 3.2 schon berechnet worden (s. S. 13). Hieraus leitet sich ein Dispersionskoeffizient von ca. 19 ab. Man kann also Individuenklumpungen erwarten. Genaueres soll die Musteranalyse zeigen:

## TI-58

Nach Programmeingabe und RST-Eingabe der Datenmatrix unter Ausnutzung der Wertehäufung. Die ersten Eingaben:

45 $x \rightleftharpoons t$ 0 R/S 11 R/S 28 R/S ...

Der Druckeroutput wird als neues Muster angesehen und in einem erneuten Arbeitsgang eingetippt. Dieser Vorgang wird so oft wiederholt, bis das letzte Muster nur noch aus einer Zahl besteht.

Anzeige der I (z) nach A

## PC-1211

Im Rechner-Modus DEF erfolgen die Eingaben:

SHFT C 45 ENTER 0 ENTER SHIFT B 11 ENTER SHFT B 28 ENTER ...

Durch den Druckeroutput wird das Muster 2 angelegt, welches auf gleiche Weise eingespeichert wird.

I (z) wird jeweils nach SHFT A ausgedruckt.

## Resultate

Muster 1 = Datenmatrix, S. 12

| | | | | | | | |
|---|---|---|---|---|---|---|---|
| 0. | 0. | 0. | 0. | 17. | 0. | 0. | 0. |
| 0. | 0. | 0. | 0. | 9. | 0. | 7. | 0. |
| 0. | 0. | 0. | 0. | 9. | 0. | 1. | 0. |
| 0. | 0. | 10. | 24. | 0. | 0. | 0. | 0. |
| 0. | 0. | 2. | 13. | 0. | 66. | 0. | 18. |
| 0. | 11. | 34. | 0. | 0. | 12. | 0. | 1. |
| 0. | 28. | 0. | 0. | 0. | 0. | 0. | 4. |
| 0. | 0. | 13. | 0. | 8. | 3. | 0. | 0. |
| 0. | 13. | 3. | 23. | 0. | 0. | 18. | 1. |
| 0. | 0. | 0. | 29. | 0. | 4. | 14. | |
| 0. | 0. | 38. | 10. | 0. | 0. | 4. | |
| 0. | 0. | 15. | 48. | 0. | 0. | 33. | |
| 0. | 0. | 8. | 0. | 0. | 59. | 0. | |
| 0. | 0. | 61. | 23. | 0. | 0. | 0. | |
| 0. | 0. | 5. | 0. | 9. | 15. | 0. | |
| 0. | 0. | 2. | 48. | 0. | 0. | 0. | |
| 0. | 0. | 0. | 9. | 0. | 0. | 0. | |

Muster 2

2812. 156708

I (1)

**Muster 3**

```
 0.   0.  26.   7.
 0.  10.   9.   1.
 0.  36.   0.   0.
 0.  13.   8.   0.
 0.   3.   0.  32.
 0.  53.   0.  37.
 0.  69.   0.   0.
 0.   7.   9.   0.
 0.   0.   0.   0.
 0.   0.   0.   0.
 0.  37.  66.  18.
39.   0.  12.   5.
13.  23.   3.   1.
 0.  39.   4.
 0.  48.  59.
 0.  23.  15.
 0.  57.   0.
```

2283.80535

I(2)

**Muster 4**

```
  0.  35.
  0.   8.
  0.   0.
  0.   9.
  0.   0.
 39.  78.
 13.   7.
  0.  74.
  0.   7.
 46.   1.
 16.  32.
122.  37.
  7.   0.
 37.  18.
 23.   6.
 87.
 80.
```

1632.461804

I(3)

**Muster 5**

```
  0.
  0.
 39.
 13.
 46.
138.
 44.
110.
115.
  8.
  9.
 85.
 81.
 33.
 37.
 24.
```

1191.129974

I(4)

**Muster 6**

```
  0.
 52.
184.
154.
123.
 94.
114.
 61.
```

630.7368146

I(5)

**Muster 7**

```
 52.
338.
217.
175.
```

333.8294922

I(6)

**Muster 8**

```
390.
392.
```

238.882481

I(7)

**Muster 9**

```
782.
```

.0051150886

I(8)

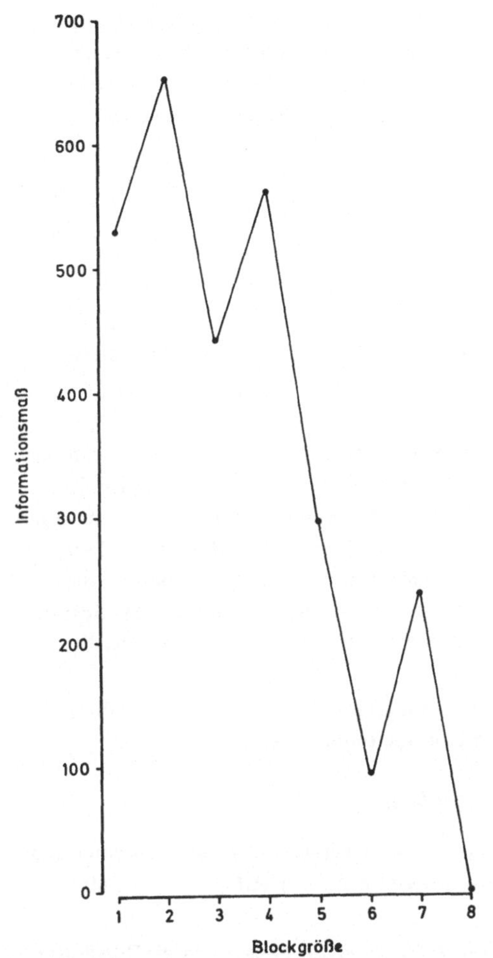


**Bild 7**

Klumpungsfunktion für ORLOCIs Andropogon-Muster (Einzelheiten s. Text)

Die I(z)-Werte stimmen mit *Orlocis* Resultaten überein. Es sollen jetzt x und g(x) der Klumpungsfunktion aufgestellt werden.

| x | g(x) | x | g(x) |
|---|---|---|---|
| 1 | 528.35 | 2 | 651.35 |
| 3 | 441.33 | 4 | 560.39 |
| 5 | 296.91 | 6 | 94.95 |
| 7 | 238.88 | 8 | 0.00 |

(g(1) = I(2) − I(1) = 2283.80535 − 2812.156708
g(2) = I(3) − I(2) = 1632.46180 − 2283.805350 usw.)

In Bild 7 sind die Funktionswerte zeichnerisch dargestellt. Die Werte der x-Achse sind folgendermaßen zu lesen: 1 z.B. bedeutet Veränderung des Disperionsmaßes zwischen Quadratgröße $2^0$ (ursprüngliche Netzgröße) und Quadratgröße $2^1$ (doppelte Netzgröße). Die Dimension des y-Wertes ist recht belanglos, es interessiert nur, wo die Funktion Maxima hat. Offensichtlich existieren Klumpungen von der Dimension Netzgröße $2^1-2^2$, Netzgröße $2^3-2^4$ sowie Netzgröße $2^6-2^7$. *Orloci* hat aber durch Teilung der Datenmatrix aufgezeigt, daß Homogenität der Untersuchungsfläche nicht gegeben war. In der gleichen Abhandlung wird aufgezeigt, wie man Signifikanz von Klumpungen nachweisen kann. Interessenten werden auf die Originalarbeit verwiesen.

## 5.3 Verfahren zur Analyse von Gemeinschaftsstrukturen

### a) Strukturen in Systemen

Als theoretische Basis soll hier der Strukturbegriff von *Kröber* (zit. in *Laue* 1970) stehen:

„Der Begriff Struktur steht in engem Zusammenhang mit den Begriffen System und Element. Jedes System besteht aus Elementen, die in bestimmter Weise angeordnet und durch bestimmte Relationen miteinander verknüpft sind. Unter der Struktur eines Systems verstehen wir die Art der Anordnung und der Verknüpfung seiner Elemente ... . Welcher Art die Elemente sind, ist hierbei ohne Belang. Wenn wir von der Struktur eines Systems sprechen, sehen wir davon ab, aus welchen Elementen das System besteht und fassen nur die Gesamtheit der zwischen ihnen bestehenden Relationen ins Auge. Als Gesamtheit von Relationen ist die Struktur eines Systems ein bestimmter Zusammenhang zwischen den Elementen des Systems. Dieser Zusammenhang kann notwendig oder zufällig, allgemein oder einmalig, wesentlich oder unwesentlich sein."

Die mathematische Disziplin, die sich mit Strukturmodellen befaßt, wird „Graphentheorie" genannt. Hierauf wollen wir unsere nachfolgenden Überlegungen stützen.

### b) Definitionen zum Begriff Gemeinschaftsstruktur

Ein Element des Systems sei die Vegetation oder (und) der Tierbestand eines Untersuchungsortes beliebiger Art. Ein solches Systemelement soll im weiteren Verlauf des Textes als „Bestand" bezeichnet werden.

Als Relation zwischen den Elementen verstehen wir die Similarität zwischen den Beständen. Mit einem numerischen Verfahren werden zwei Bestände hinsichtlich gewisser Merkmale (z.B. floristische/faunistische Zusammensetzung, Physiognomie, Lebensformen u.a.) verglichen. Das Ergebnis ist eine Similaritätszahl. Liegen Protokolle von n Beständen vor, können wir $n^2$ verschiedene Similaritäten errechnen (einschließlich Vergleich von identischen Protokollen). Diese werden zu einer quadratischen $n \times n$-Matrix zusammengestellt, der Strukturgraph liegt in Matrixdarstellung vor (s.a. *Harary* 1972, *Laue* 1970, *Noltemeier* 1976). Es soll gelten, daß der Vergleich eines Protokolls $\underline{a}$ mit einem Protokoll $\underline{b}$ einen gleichen Wert liefert wie der Vergleich von $\underline{b}$ mit $\underline{a}$. (Es gilt also das Kommutativgesetz.) Unter dieser Voraussetzung erhält man eine zur Hauptdiagonalen symmetrische Matrix.

Es soll eine erste Definition für Gemeinschaftsstruktur gegeben werden:

**Satz 1**
Unterscheidet sich mindestens der größte der n Eigenwerte der Matrix deutlich von den übrigen, existiert zwischen einigen oder allen Beständen Gemeinschaftsstruktur.

Für ein Verständnis dieses Satzes sind mathematische Kenntnisse in Bezug auf *Eigenwerte, Eigenvektoren, charakteristische Gleichung, gute oder schlechte Konditionierung linearer Gleichungssysteme* notwendig. Dieser Thematik wird sich Kapitel 6 dieses Buches widmen. Besonders für die Vegetationskunde lassen sich aus Satz 1 die sogenannten Ordinationsverfahren (*Austin, Orloci* 1966, *Greig-Smith* (1964, *Orloci* 1978) ableiten.

Der als Matrix formulierte Graph soll hinsichtlich seiner Information reduziert werden. Zunächst wird eine Grenzsimilarität definiert. Ähnlichkeitswerte, die kleiner als dieser Grenzwert sind, erhalten als neuen Wert die Zahl Ø. Similaritäten, die mit dem Grenzwert identisch bzw. größer als dieser sind, erhalten als neuen Wert die Zahl 1. Es liegt jetzt eine sogenannte Adjazenzmatrix des Graphen vor (s.a. *Noltemeier* 1976, S. 40).

Aus der Adjazenzmatrix kann leicht ein Assoziationsdiagramm (Graph im eigentlichen Sinne) konstruiert werden. Es folgt eine zweite Definition für Gemeinschaftsstruktur:

**Satz 2**

Es liegt Gemeinschaftsstruktur vor, wenn zumindest *eine* Untermenge des Graphen (Teilgraph) mit mehr als drei Ecken einem Simplex nahekommt.

Die Begriffe *Teilgraph* und *Simplex (vollständiger Graph)* werden z.B. bei *Harary* 1972, *Laue* 1970, *Meyer* 1975, *Noltemeier* 1976 erläutert. Vor allem vegetationskundliche Arbeiten, die sich bei der Gemeinschaftsanalyse auch auf Graphen (teilweise nur Assoziationsdiagramme genannt) stützen, liegen von *Agnew* 1961, *Dale* 1977, *de Vries* 1953, *Groenewoud* und *Ihm* 1974, *Komarkova* 1980, *Meyer* 1975, *Yarranton* 1973 vor.

Es soll noch eine dritte Definition für Gemeinschaftsstruktur gegeben werden:

**Satz 3**

Wenn ausgehend von der ursprünglichen Affinitätsmatrix mehrere Bestandsprotokolle durch heuristische Verfahren gruppiert werden und diese Gruppen im Assoziationsdiagramm als simplexähnliche Teilgraphen wiedergefunden werden können, liegt Gemeinschaftsstruktur vor.

In dieser Definition werden Verfahren angesprochen, die als Klassifikation bezeichnet werden. Theoretisch haben sich *Bock* 1974, *Späth* 1975, *Steinhausen* und *Langer* 1977 mit der Clusteranalyse befaßt. Ökologische Abhandlungen über Klassifikationsverfahren wurden u.a. von *Greig-Smith* 1964 und *Orloci* 1978 verfaßt.

Klassifikationsverfahren sind zur Zeit noch für Taschenrechner nicht geeignet. Gemeinschaftsanalysen, die sich auf Satz 2 stützen, lassen sich aber unter günstigen Bedingungen schon mit einem programmierbaren Taschenrechner durchführen.

## c) Kombinationen von qualitativen ökologischen Merkmalen

*Ausstattung:* Taschenrechner TI-58; Drucker wünschenswert
Taschenrechner PC-1211; Drucker wünschenswert

*Anwendung in der Ökologie:* Gemeinschaftsanalysen von qualitativen Bestandsprotokollen aufgrund des kombinatorischen Merkmalvergleichs.

Bisher waren wir nur vom Vergleich von irgendwie beschaffenen Bestandsprotokollen ausgegangen. Um für diese einen Graphen zu konstruieren, müssen wir $(n^2 - n)/2$ Similaritäten berechnen. Meistens liegen nach einer Felduntersuchung Hunderte von Bestandsprotokollen vor. Man kann sich leicht ausrechnen, daß bei solchen Dimensionen sogar ein Großrechner schnell an seine Kapazitätsgrenzen gebracht wird (von Taschenrechnern ganz zu schweigen). Man könnte allerdings darauf verzichten, die Affinitätsmatrix (d.i. die quadratische Matrix, die durch Berechnung aller Similaritäten entsteht) zu speichern und den Taschenrechner bzw. den Computer nur dafür verwenden, die Similaritäten zu berechnen und zu drucken. Geht man davon aus, daß die Berechnung eines Affinitätswertes mit dem Taschenrechner 1 Minute in Anspruch nimmt (inklusive Dateneingabe), dann wäre man bei 100 Bestandsprotokollen 10 Arbeitstage (à 8 Std.) allein damit beschäftigt, die Affinitätsmatrix aufzustellen. Diese Art der Gemeinschaftsanalyse mit dem Taschenrechner kann man also getrost vergessen.

Anders sieht es jedoch aus, wenn man Merkmale von Bestandsprotokollen kombinatorisch vergleichen würde. Dies liefe auf ein Transponieren der sich aus allen Bestandsprotokollen zusammensetzenden Datenmatrix[1] (zum Begriff s. z.B. *Bock* 1974, *Steinhausen* und *Langer* 1977) hinaus.

Merkmale sind oft in ihrer Anzahl überschaubar; wenn nicht, lassen sie sich in irgendeiner Weise auf ein vernünftiges Maß reduzieren. Aus einem Graphen der Merkmale können dann Merkmalsgruppen als „quasi-Simplexe" erkannt werden (s.a. *Agnew* 1961). Aufgrund der Merkmalsgruppen können dann die Bestandsprotokolle gruppiert werden. Sofern die Merkmalsgruppierung sehr scharf ist, müßten die Protokolle einer Klasse theoretisch einen quasivollständigen Graphen ergeben.

Aber auch für den kombinatorischen Merkmalsvergleich wird die Grenze der Speicherkapazität des Taschenrechners sehr schnell erreicht, sofern es sich in den Bestandsprotokollen um quantitative Merkmale (wie Abundanzen oder Biomassen von Arten) handelt. Günstiger sieht es aus, wenn man qualitative Merkmale (wie Präsenz und Absenz von Arten, Lebensformentypen, physiognomischen Typen usw.) vorliegen hat. Dann kann auch ein programmierbarer Taschenrechner erfolgreich zur Analyse von Merkmalsstrukturen eingesetzt werden.

Das Programm ARKOM zählt beim Eintippen von Bestandsprotokollen, wie oft sich vorkommende Kombinationen zweier Merkmale wiederholen. Das Ergebnis ist eine Affinitätsmatrix mit absoluten Häufigkeiten von Merkmalskombinationen.

Mit dem TI-58 können 19 Merkmale verglichen werden, mit dem PC-1211 über 30[2]. Würde man in normaler Technik speichern (d.h. jeder Affinitätswert = 1 Register), könnte man mit dem TI-58 nur 8 Merkmale, mit dem PC-1211 nur 18 Merkmale vergleichen. Sofern man 99 Protokolle eintippt, dann benötigt jeder Affinitätswert maximal nur zwei Ziffern (Einer und Zehner). Jeder Speicherplatz stellt aber 10 Ziffern zur Verfügung, kann also 5 Affinitätswerte aufnehmen. Diese platzsparende Packtechnik wird im Programm ARKOM ausgenutzt. Man muß allerdings nach der Eingabe von 99 Protokollen die Affinitätsmatrix ausdrucken lassen (bzw. man kontrolliert die Register). Hat man mehr als 99 Bestandsprotokolle, muß man zu-

[1] Vegetationskundler, wie z.B. *Ellenberg* (1956) verwenden hierfür den Terminus „Rohtabelle"

[2] Benutzern des PC 1251 von SHARP stellt der Verfasser auf Anfrage ein Programm zur Verfügung, mit dem 80 Merkmale von 255 Protokollen verglichen werden können.

nächst die Affinitätsmatrizen sammeln. Nach Beendigung der Protokolleingabe erhält man eine vollständige Affinitätsmatrix, indem man die einzelnen „Zwischenmatrizen" einfach addiert:

$$A = Z_1 + Z_2 + \dots \qquad (5\text{-}19)$$

## TI-58

Das Programm ARKOM nimmt zunächst die Merkmalsliste eines Bestandes auf, errechnet alle für den Bestand möglichen Merkmalskombinationen und notiert diese in der optimal gespeicherten Zählmatrix.

Jedes vorhandene Merkmal eines Bestandes wird mit einer Codenummer (1–19) in den Rechner eingegeben. Merkmale mit einer Codierung $i \leqslant 10$ werden mit B eingetippt. Von Codenummern über 10 werden die Einer mit A gespeichert. Nach der Aufnahme der Artenzusammensetzung des Bestandes werden die anschließenden Rechenvorgänge durch C eingeleitet. Enthält ein Bestand 19 Arten, dann benötigt der Rechner 18 Minuten (!) Rechenzeit zum Belegen der Zählmatrix. Diese hohe Rechenzeit ist damit zu begründen, daß das gesamte Bestandsprotokoll auf zwei Register zusammengeschoben wurde. Für jeden Merkmalsvergleich muß zunächst die Information der zwei Register decodiert werden, erst dann kann die Matrix belegt werden. Der Fall, daß alle Merkmale gleichzeitig vorkommen, tritt allerdings recht selten auf. Die Affinitätsmatrix wird ab Register 5 gespeichert.

## PC-1211

Aufgrund der größeren Speicherkapazität dieses Rechners können die codierten Merkmale eines Protokolls großzügiger abgespeichert werden; hieraus resultiert, daß die Rechenzeit gegenüber der TI-58-Programmversion verbessert worden ist.

Im Rechner-Modus DEF wird zunächst das Programm mit RUN gestartet. Mit ENTER wird die Anzahl aller Merkmale eingetippt (beim TI-58 ist von vornherein eine Begrenzung auf 19 festgelegt, für die PC-1211-Version von ARKOM ist sie wählbar). Die Eingabe eines Protokolls wird mit SHFT A eingeleitet. Die Codenummern (m) der vorhandenen Merkmale werden mit ENTER gespeichert. Nach Protokollabspeicherung wird mit SHFT B das Einordnen in die Matrix durchgeführt.

SHFT C sorgt für den Ausdruck der Matrix.

Achtung! Nach der Eingabe von 99 Protokollen und der Ausgabe der Matrix muß wieder RUN getippt werden.

## Flußdiagramm und Programmtexte

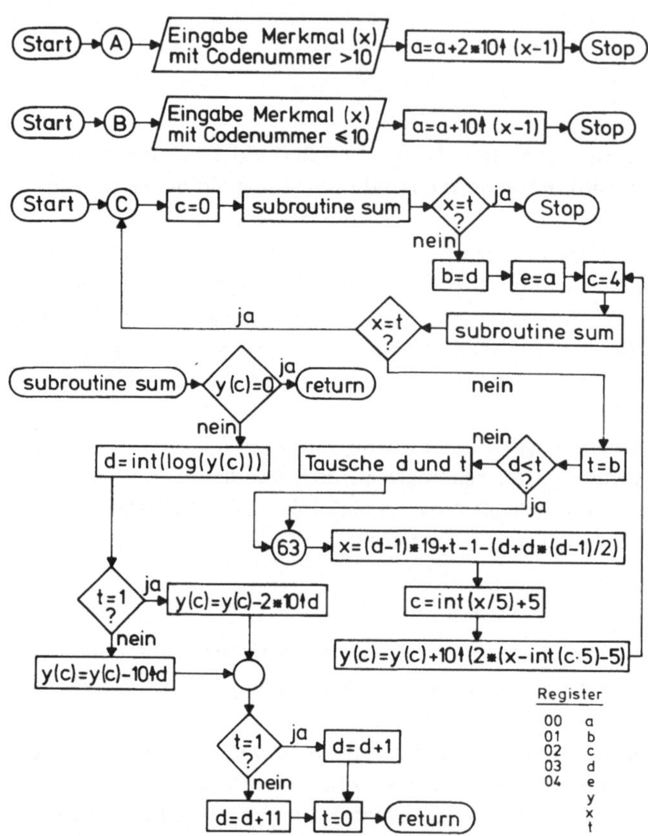


## Programm ARKOM: TI-58

```
000  76 LBL
001  11  A
002  32 X:T
003  02  2
004  65  ×
005  53  (
006  32 X:T
007  76 LBL
008  12  B
009  75  -
010  01  1
011  54  )
012  71 SBR
013  28 LOG
014  95  =
015  44 SUM
016  00  00
017  92 RTN
018  76 LBL
019  28 LOG
020  22 INV
021  28 LOG
022  52 EE
023  22 INV
024  52 EE
025  92 RTN
026  76 LBL
027  13  C
028  00  0
029  42 STO
030  02  02
031  71 SBR
032  44 SUM
033  67  EQ
034  01  01
035  13  13
036  43 RCL
037  03  03
038  42 STO
039  01  01
040  43 RCL
041  00  00
042  42 STO
043  04  04
044  04  4
045  42 STO
046  02  02
047  71 SBR
048  44 SUM
049  67  EQ
050  13  C
051  43 RCL
052  01  01
053  32 X:T
054  43 RCL
055  03  03
056  22 INV
057  77  GE
058  00  00
059  63  63
```

```
060  32  X↕T
061  42  STO
062  03   03
063  75  -
064  01  1
065  54  )
066  65  ×
067  01  1
068  09  9
069  85  +
070  32  X↕T
071  75  -
072  01  1
073  75  -
074  53  (
075  43  RCL
076  03   03
077  85  +
078  24  CE
079  65  ×
080  53  (
081  24  CE
082  75  -
083  01  1
084  54  )
085  55  ÷
086  02  2
087  95  =
088  55  ÷
089  32  X↕T
090  05  5
091  95  =
092  59  INT
093  42  STO
094  02   02
095  65  ×
096  05  5
097  44  SUM
098  02   02
099  75  -
100  32  X↕T
101  95  =
102  94  +/-
103  65  ×
104  02  2
105  95  =
106  71  SBR
107  28  LOG
108  74  SM*
109  02   02
110  61  GTO
111  00   00
112  44   44
113  92  RTN
114  76  LBL
115  44  SUM
116  29  CP
117  73  RC*
118  02   02
119  67  EQ
120  01   01
121  57   57
122  55  ÷
123  71  SBR
124  00   00
125  21   21
126  59  INT
127  42  STO
128  03   03
129  71  SBR
130  28  LOG
131  95  =
132  59  INT
133  32  X↕T
134  01  1
135  67  EQ
136  01   01
137  40   40
138  02  2
139  65  ×
140  43  RCL
141  03   03
142  71  SBR
143  28  LOG
144  95  =
145  94  +/-
146  74  SM*
147  02   02
148  01  1
149  67  EQ
150  01   01
151  53   53
152  01  1
153  01  1
154  44  SUM
155  03   03
156  29  CP
157  92  RTN
158  00  0
```

## Programm ARKOM: PC-1211

```
      5  CLEAR: INPUT "ARTENANZAHL: "; A(6): END
A    10  INPUT "ART: "; A(1): IF A(1)> A(6) THEN 20
     15  A(10)=A(10)+1: A(2)=a(10)+10: A(A(2))=A(1): GOTO 10
B    20  FOR A(1)=1 TO A(10)-1
     40  FOR A(2)=A(1)+1 TO A(10)
     50  A(4)=A(1)+10: A(5)=A(2)+10
     55  A(4)=A(A(4)): A(5)=A(A(5))
     60  A(3)=(A(4)-1)*A(6)+A(5)-1-(A(4)+A(4)*(A(4)-1)/2)
     70  A(4)=INT(A(3)/5): A(5)=2*(A(3)-A(4)*5): A(4)=A(4)+11+A(6)
     75  A(5)=10↑A(5): A(A(4))=A(A(4))+A(5)
     80  NEXT A(2)
     90  NEXT A(1)
    100  FOR A(1)=10 TO A(6)+10
    110  A(A(1))=0
    120  NEXT A(1)
    130  END
C   140  FOR A(1)=11+A(6) TO 150
    150  IF A(A(1))<>0 PRINT A(1),A(A(1))
    160  NEXT A(1)
    170  END
```

Bei Verwendung eines größeren Rechners müssen folgende Zeilen hinzugefügt werden:

```
     11  IF A(1)=777.777 THEN 140
    125  GOTO 10
```

## Beispiel

Die im Beispiel zu Abschnitt 3.1 vorgestellten Makrobenthosbestände sollen an dieser Stelle hinsichtlich der Häufigkeiten aller Artenkombinationen analysiert werden.

## TI-58

Nach Eingabe von Programm ARKOM werden für jede Station die Arten codiert eingegeben. Als Beispiel die Station 1:

1 B 2 B 3 B 4 B 5 B 6 B 2 A

Nachdem die Aufnahme vollständig eingegeben worden ist, wird das Einordnen in die Korrelationsmatrix mit C gestartet. Auf diese Weise wurden alle 9 Stationsprotokolle eingeordnet, danach werden die Inhalte der Datenregister ausgedruckt:

## PC-1211

Zunächst wird nach RUN im Rechnermodus DEF 19 ENTER eingetippt. Mit SHFT A wird die Eingabe von Protokoll 1 vorbereitet. Danach

1 ENTER 2 ENTER 3 ENTER 4 ENTER 5 ENTER 6 ENTER 12 ENTER

Nach SHFT B wird das Protokoll in die Matrix einsortiert. Sobald das Protokoll 9 eingegeben worden ist, leitet SHFT C die Ausgabe der Matrix ein.

## Resultat

Anhand des vom TI-58 erzeugten Outputs (der PC-1211-Ausdruck sieht ähnlich aus; nur mit dem Unterschied, daß das erste Register nicht 5 ist und daß leere Register nicht ausgedruckt werden) wollen wir demonstrieren, welche Information vom Rechner geliefert wird:

Zunächst das Drucker-Protokoll:

```
205090309.   05
400010205.   06
606000008.   07
903000002.   08
102050205.   09
    80400.   10
    20606.   11
102010203.   12
  3010000.   13
    10100.   14
205020500.   15
  8040001.   16
  2060600.   17
  2020100.   18
    40200.   19
    20302.   20
100010000.   21
101000002.   22
  2000000.   23

    50200.   24
    10404.   25
  2010000.   26
  1020100.   27
  1010000.   28
    10100.   29
       0.    30
       0.    31
203000004.   32
       1.    33
    10505.   34
       0.    35
       0.    36
    20500.   37
       2.    38
       0.    39
```

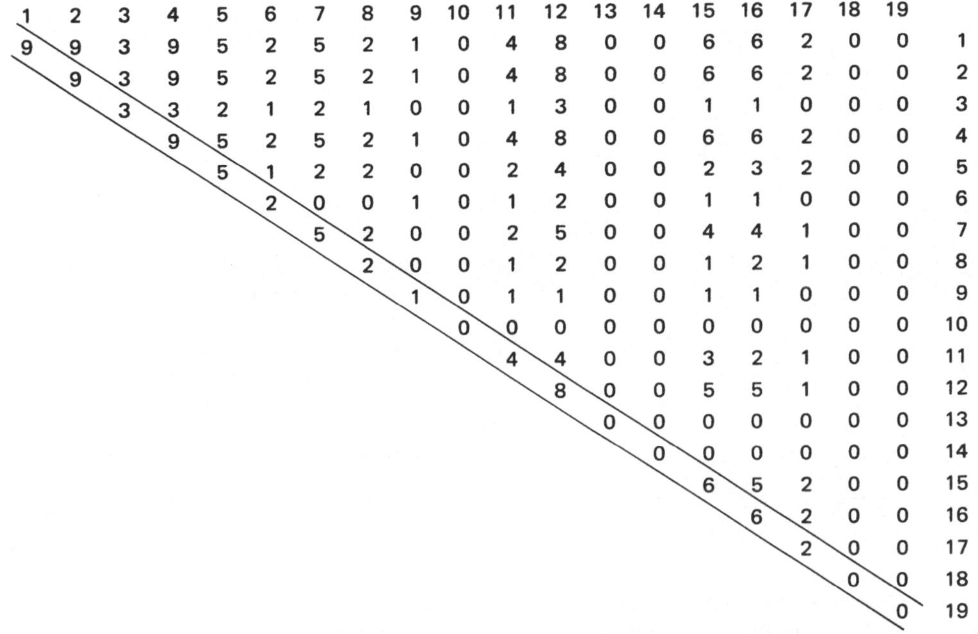

| 1 | 2 | 3 | 4 | 5 | 6 | 7 | 8 | 9 | 10 | 11 | 12 | 13 | 14 | 15 | 16 | 17 | 18 | 19 | |
|---|---|---|---|---|---|---|---|---|---|---|---|---|---|---|---|---|---|---|---|
| 9 | 9 | 3 | 9 | 5 | 2 | 5 | 2 | 1 | 0 | 4 | 8 | 0 | 0 | 6 | 6 | 2 | 0 | 0 | 1 |
| | 9 | 3 | 9 | 5 | 2 | 5 | 2 | 1 | 0 | 4 | 8 | 0 | 0 | 6 | 6 | 2 | 0 | 0 | 2 |
| | | 3 | 3 | 2 | 1 | 2 | 1 | 0 | 0 | 1 | 3 | 0 | 0 | 1 | 1 | 0 | 0 | 0 | 3 |
| | | | 9 | 5 | 2 | 5 | 2 | 1 | 0 | 4 | 8 | 0 | 0 | 6 | 6 | 2 | 0 | 0 | 4 |
| | | | | 5 | 1 | 2 | 2 | 0 | 0 | 2 | 4 | 0 | 0 | 2 | 3 | 2 | 0 | 0 | 5 |
| | | | | | 2 | 0 | 0 | 1 | 0 | 1 | 2 | 0 | 0 | 1 | 1 | 0 | 0 | 0 | 6 |
| | | | | | | 5 | 2 | 0 | 0 | 2 | 5 | 0 | 0 | 4 | 4 | 1 | 0 | 0 | 7 |
| | | | | | | | 2 | 0 | 0 | 1 | 2 | 0 | 0 | 1 | 2 | 1 | 0 | 0 | 8 |
| | | | | | | | | 1 | 0 | 1 | 1 | 0 | 0 | 1 | 1 | 0 | 0 | 0 | 9 |
| | | | | | | | | | 0 | 0 | 0 | 0 | 0 | 0 | 0 | 0 | 0 | 0 | 10 |
| | | | | | | | | | | 4 | 4 | 0 | 0 | 3 | 2 | 1 | 0 | 0 | 11 |
| | | | | | | | | | | | 8 | 0 | 0 | 5 | 5 | 1 | 0 | 0 | 12 |
| | | | | | | | | | | | | 0 | 0 | 0 | 0 | 0 | 0 | 0 | 13 |
| | | | | | | | | | | | | | 0 | 0 | 0 | 0 | 0 | 0 | 14 |
| | | | | | | | | | | | | | | 6 | 5 | 2 | 0 | 0 | 15 |
| | | | | | | | | | | | | | | | 6 | 2 | 0 | 0 | 16 |
| | | | | | | | | | | | | | | | | 2 | 0 | 0 | 17 |
| | | | | | | | | | | | | | | | | | 0 | 0 | 18 |
| | | | | | | | | | | | | | | | | | | 0 | 19 |

**Bild 8** Strukturmatrix für das Makrozoobenthos in *Zostera marina*-Beständen. Die durchgehend nummerierten Zahlen zuoberst sowie die Werte am rechten Rand symbolisieren Benthosarten (vgl. Liste S. 12). Sucht man in den oberen Zahlen Art i heraus und am Rande Art j, so kann man in der Tabelle für diese Kombination einen Wert finden, der angibt, an viewielen Stationen (von 9) i und j gemeinsam auftreten.

Bild 8 zeigt, wie die Registerinhalte in eine symmetrische Matrix eingeordnet werden. Die Diagonalelemente der Matrix bestehen aus absoluten Häufigkeiten der Arten, die in Abschnitt 3.1 ermittelt worden waren.

Register 5 enthält die ersten Resultate, die von rechts nach links gelesen werden. Die letzten beiden Ziffern 09 werden als 9 in Zeile 1 Spalte 2 der Matrix geschrieben; 03 wird als 3 in Zeile 1 Spalte 3 gesetzt usw.

Jedes Register enthält 10 Ziffern, nach links nicht gedruckte Ziffern werden als 0 interpretiert. Register 10 enthält also die Matrixwerte 0, 0, 8, 4, 0.

Von der Matrix in Bild 8 wollen wir jetzt zum Graphen gelangen. Und zwar soll ein gerichteter Graph (zum Begriff s. z.B. *Harary* 1972) konstruiert werden. Folgende Vorstellung steht dahinter: Es mag wohl sein, daß eine Art mit geringer oder mittlerer Stetigkeit eine Bindung an eine andere hochstetige Art zeigt, umgekehrtes trifft aber nicht zu.

Wir definieren: Eine gerichtete Kante von Element (Art) i zu Element (Art) j existiert dann, wenn der Summenwert der Artenkombination zwischen i und j (Resultat von Programm ARKOM) dividiert durch Stetigkeit von i einen Wert $\geqslant \delta$ ergibt.

(Eine ungerichtete Kante setzt sich aus zwei gegensetzlich gerichteten Kanten zusammen.)

Vollständige und „quasi-vollständige" Graphen müssen sich natürlich aus ungerichteten Kanten ergeben.

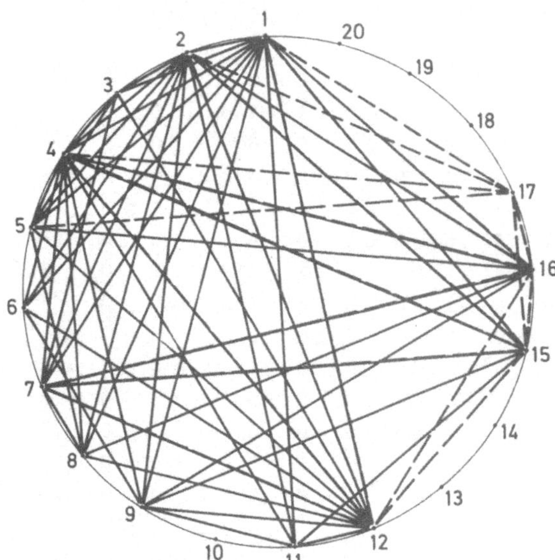


**Bild 9** „Strukturgraph" des Makrobenthos in Seegraswiesen. Die nummerierten Punkte auf dem Kreis kennzeichnen die Arten (Liste s. S. 12). Abweichend vom Text wird nur zwischen einseitiger Bindung (gestrichelt) und wechselseitiger Beziehung (durchgezogene Linien) unterschieden. Zur Interpretation s. Text.

Wie oben schon erwähnt, sind die Stetigkeiten von i und j als Diagonalelemente der Matrix (abgetrennte Zahlen in Bild 8) zu finden. Als $\delta$ soll einmal 0.6 angenommen werden.

Stellt man nach dem Auffinden der Kanten für unser Beispiel die Ergebnisse zeichnerisch dar, gelangt man zu Bild 9. Man erkennt intensive Beziehungen zwischen 1, 2, 4, 5, 7, 12 und 16. Besonders diese Arten charakterisieren also die Fauna der Lebensgemeinschaft Zostera-Wiese. Dem kritischen Betrachter wird auffallen, daß die Arten 3, 6, 8, 9, 11, 15 und 17 in der Auflistung fehlen. Das sind jene, welche nicht in den „quasivollständigen Graphen eingeordnet werden können (bei Art 15 ist aber die Entscheidung schwierig), andererseits aber auch keinen zweiten Simplex bilden.

Mancher Leser wird von diesem Resultat enttäuscht sein. Es ist nämlich auf diese Weise nichts anderes herausgekommen, als daß die hochstetigen Arten diese Gemeinschaft charakterisieren. Bei einer so geringen Anzahl von Protokollen wird man aber kein besseres Resultat erwarten dürfen. Sofern die Anzahl der Protokolle groß ist, könnte auf diese Weise mehr herauskommen.

## d) Homogenität einer Gruppe von qualitativen Bestandsprotokollen

*Ausstattung:* Rechner TI-58 (Drucker),
PC-1211

*Anwendung in der Ökologie:* Beurteilung einer Gruppe von qualitativen Bestandsprotokollen auf Zusammengehörigkeit.

Mit Hilfe des Programms ARKOM oder auf andere Weise hat man Bestandsprotokolle gruppiert. Man möchte nun wissen, ob die gebildeten Gruppen wirklich aus ähnlichen Protokollen zusammengesetzt worden sind, also in sich homogen sind. Mit Hilfe eines Verfahrens von *Raabe* (1951) kann der Bearbeiter jetzt entscheiden, ob die Protokolle im wesentlichen nur *eine* Gemeinschaft mit charakteristischen Merkmalen repräsentieren oder ob mehrere „Assoziationen" in der Gruppe enthalten sind.

Zunächst wird die mittlere Anzahl der vorhandenen Merkmale (= $\bar{x}$) aller Protokolle der zu untersuchenden Gruppe errechnet. *Raabe*, der als Merkmale eines Bestands Pflanzenarten wählte, bezeichnete $\bar{x}$ als „Anzahl der charakteristischen Arten". Wenn eine Tabelle homogen ist, d.h. im wesentlichen nur eine Gemeinschaft enthält, dann müssen die $\bar{x}$ stetigsten Merkmale über 50 % der 1-Elemente der Datenmatrix enthalten („Gesamtstetigkeit der charakteristischen Artenkombination" bei *Raabe*). Für dieses Verfahren wurde das Taschenrechner-Programm CHAMER geschrieben.

## TI-58

Es sollen m Bestände zu einer Gruppe gehören. Die Anzahl der vorhandenen Merkmale für das i-te Protokoll (i = 1, m) wird mit A eingegeben. Nach dem m-ten Wert wird der Rechner durch B auf Stetigkeitsangaben vorbereitet. Nach absteigenden Rängen werden solange Stetigkeitswerte mit R/S abgespeichert, bis Druckeroutput erzeugt wird (wie man ohne Drucker arbeitet, darauf werde ich noch eingehen). Der 1. gedruckte Wert stellt die Anzahl der charakteristischen Merkmale dar, der zweite die Gesamtstetigkeit der charakteristischen Merkmalskombination. Sofern kein Drucker zur Hand, muß im Programm CHAMER zunächst eine kleine Veränderung vorgenommen werden. Nach B werden dann solange Stetigkeitswerte nach absteigenden Rängen eingetippt, bis der Rechner beim Anhalten einen anderen Wert als 0 anzeigt. Diese Zahl ist die Anzahl der charakteristischen Merkmale, durch R/S wird die Gesamtstetigkeit der charakteristischen Merkmalskombination zur Anzeige gebracht.

## PC-1211

Im Rechner-Modus DEF werden die Merkmalsanzahlen der m Protokolle nach SHFT A mit ENTER eingetippt. Nach SHFT B werden solange Stetigkeitswerte eingegeben, bis der Rechner Artenzahl und Gesamtstetigkeit der charakteristischen Merkmale anzeigt.

## Flußdiagramm und Programmtexte

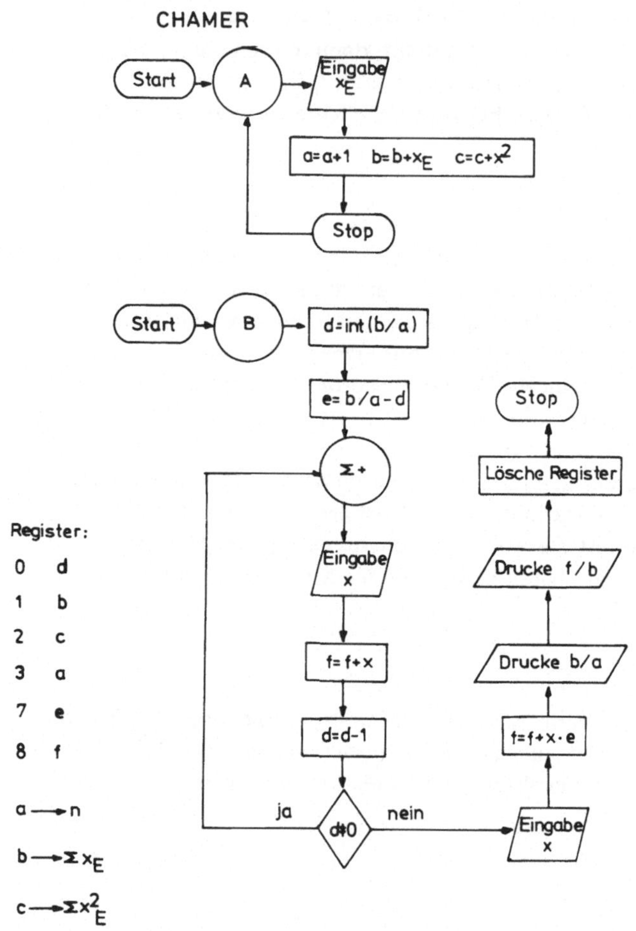


### Programm CHAMER: TI-58

```
000  76 LBL     011  79  x̄      022  00  00     033  65  ×
001  11  A      012  22 INV     023  78 Σ+      034  43 RCL
002  78 Σ+      013  59 INT     024  91 R/S     035  03  03
003  92 RTN     014  42 STO     025  65  ×      036  55  ÷
004  81 RST     015  07  07     026  43 RCL     037  43 RCL
005  76 LBL     016  76 LBL     027  07  07     038  08  08
006  12  B      017  78 Σ+      028  95  =      039  95  =
007  79  x̄      018  91 R/S     029  44 SUM     040  35 1/X
008  59 INT     019  44 SUM     030  08  08     041  99 PRT
009  42 STO     020  08  08     031  79  x̄      042  47 CMS
010  00  00     021  97 DSZ     032  99 PRT     043  92 RTN
                                                044  81 RST
```

## Programm CHAMER: PC-1211

```
A   000–001    10  INPUT "WERTEANZAHL: "; A(4)
    002–002    20  A(3)=A(3)+1
    002–002    30  A(2)=A(2)+A(4)
    003–004    40  END
B   005–007    50  A(5)=A(2)/A(3)
    008–010    60  A(1)=INT(A(5))
    011–015    70  A(7)=A(5)−A(1)
+   016–018    80  INPUT "STETIGKEITSWERT: "; A(4)
    019–020    90  A(8)=A(8)+A(4)
    021–023   100  A(1)=A(1)−1: IF A(1)<>0 THEN 80
    024–024   110  INPUT "STETIGKEITSWERT: "; A(4)
    025–030   120  A(8)=A(8)+A(4) * A(7)
    031–032   130  PRINT "ANZ. CHAR. MERKM.: "; A(5)
    031–039   140  A(4)=A(5) * A(3)/A(8)
    040–041   150  PRINT 1/A(4)
    042–042   160  CLEAR
    043–044   170  END
```

Bei Benutzung eines größeren Computers muß folgende Zeile ergänzt werden:

```
15  IF A(4)=0 THEN 50
```

Außerdem Änderung von 40

```
40  GOTO 10
```

### Beispiel

Es soll ein letztes Mal die Seegras-Gemeinschaft als Beispiel herangezogen werden (s. Abschnitt 3.1). Mit Hilfe des Kriteriums von *Raabe* soll deren Homogenität in Bezug auf Artenzusammensetzung ermittelt werden.

Aus den codierten Stationsprotokollen (S. 8) können die Artenzahlen ermittelt werden:

7, 7, 7, 11, 8, 6, 7, 9, 9

Für die Berechnung der Gesamtstetigkeit der charakteristischen Artenkombination werden die Stetigkeiten der Arten benötigt. Auf S. 9 finden wir eine unsortierte Liste der Stetigkeiten für die Arten. Diese Liste soll hier noch einmal in geordnetem Zustand gezeigt werden:

| Art | Stetigkeit |
|---|---|
| Nephtys hombergii | 9 |
| Arenicola marina | 9 |
| Cardium edule | 9 |
| Hydrobia ulvae | 8 |
| Littorina littorea | 6 |
| Mytilus edulis | 6 |
| Macoma baltica | 5 |
| Lanice conchilega | 5 |
| Mya arenaria | 4 |
| Scoloplos armiger | 3 |
| Pgygospio elegans | 2 |
| Crangon crangon | 2 |
| Carcinus maenas | 2 |
| Heteromastus filiformis | 1 |

## TI-58

Zunächst werden die Artenzahlen in den Rechner gegeben:

7 A 7 A ... 9 A

Nach Vorbereitung durch B werden solange absteigende Stetigkeitswerte mit R/S eingegeben, bis charakteristische Artenzahl und Gesamtstetigkeit der charakteristischen Artenkombination gedruckt werden.

## PC-1211

Eingabe der Artenzahlen in den Rechner:

SHFT A 7 ENTER SHFT A 7 ENTER ... SHFT A 9 ENTER

Nach SHFT B solange Stetigkeitswerte eintippen, bis die charakteristische Artenzahl angezeigt wird.

## Resultat

Charakteristische Artenzahl: 7.89
Gesamtstetigkeit der charakteristischen Artenkombination: 79.50 %

Auf die ersten $\bar{x}$ (= 7.89) Arten entfällt eine Gesamtstetigkeit von 79.5 %. Da dieser Wert über der 50 %-Grenze liegt, kann die Tabelle als homogen angesehen werden.

# 6 Hauptkomponentenanalyse[1)]

*Ausstattung:* Taschenrechner TI-58 (Standard-Software-Modul), PC-1211

*Anwendung in der Ökologie:* „Ordination" in der Vegetationskunde, Strukturanalyse in Ökosystemen.

Es liegt eine Affinitätsmatrix vor, die wir R nennen wollen. Wir suchen Lösungsvektoren a welche die Gleichung

$$R \cdot a = \lambda \cdot a \qquad (6\text{-}1)$$

erfüllen. Einen Vektor bezeichnen wir als *Eigenvektor,* den Skalar λ nennen wir *Eigenwert.* Im folgenden gehen wir davon aus, daß die Länge der Eigenvektoren den zugehörigen Eigenwerten entsprechen soll.

Bei einer Affinitätsmatrix von der Dimension m * m können m Eigenwerte und Eigenvektoren gefunden werden. Sofern zwei Eigenvektoren nicht kollinear sind, stehen sie senkrecht aufeinander. Die m Eigenvektoren bilden eine Matrix A. Diese enthält Aussagen über die Struktur der Affinitätsmatrix. Wir müssen uns vorstellen, daß wir durch das Auffinden der Eigenvektoren die Merkmale von R (= Zeilen- oder Spaltenvektoren) in ein neues Koordinatensystem projiziert haben. Die Zeilen von A stellen die Bildkoordinaten der Merkmale der (PCA in Q-Technik, vgl. *Orloci* 1978, S. 114), aus denen man Strukturmerkmale der Affinitätsmatrix erkennt, sofern ein geeigneter Affinitätskoeffizient gewählt wurde. Kriterien für die Eignung eines Affinitätskoeffizienten sind mir unbekannt. Vorsichtig ausgedrückt, habe ich den Eindruck, daß die Beziehungen zwischen Eigenvektoren der Affinitätsmatrix und Datenmatrix nur für die Produkt-Moment-Korrelation und die euklidische Distanz (PCA in D-Technik, s. *Orloci* 1978, S. 116) genauer bekannt sind. Auch wenn *Weber* (1974, S. 33 ff.) einige Affinitätsmaße (darunter den Rangkorrelationskoeffizienten s. Beispiel) aufführt, die für eine Faktorenanalyse geeignet sein sollen, stehe ich ihren Angaben skeptisch gegenüber, solange keine Angaben über geometrische Eigenschaften der Projektionen gemacht werden. Sofern die Anwendung des Produkt-Moment-Korrelationskoeffizienten nicht zu rechtfertigen ist (dieser Fall wird bei der Analyse ökologischer Datensätze meistens zutreffen), müssen auch die Resultate einer Hauptkomponentenanalyse kritisch beurteilt werden. Trotz mathematischer Unklarheiten habe ich die Hauptkomponentenmethode in diesen Bericht mit aufgenommen, weil sie von vielen Ökologen (besonders Vegetationskundlern) standardmäßig angewendet wird.

Anders als bei den vorher geschilderten Verfahren kann man hier im wesentlichen auf Bibliotheksprogramme der Hersteller zurückgreifen. Benutzer des PC-1211 sind allerdings gegen-

1) Mit dem Begriff „Hauptkomponentenanalyse" soll deutlich gemacht werden, daß hier keine Faktorenanalyse im strengen Sinne demonstriert werden soll (vgl. *Überla*, S. 93).

über TI-58-Besitzern im Vorteil. Das Programm A-14 aus dem „Applications Manual" zum Basic-Rechner ist nämlich zur Berechnung von Eigenwerten vorgesehen. Der für den TI-Anwender etwas aufwendige Weg über das „charakteristische Polynom" muß nicht eingeschlagen werden. Sofern ein TI-58 zur Verfügung steht, sollte ein Eigenwert-Programm (z.B. von *Kahmann* 1980) auf Magnetkarte geschrieben werden. In diesem Fall könnte der Benutzer ebenfalls das Verfahren abkürzen. Bei Verwendung des TI-58 können jedoch Speicherplatzprobleme nur durch den umständlich erscheinenden Algorithmus umgangen werden. In den nachfolgenden Ausführungen sollen zunächst die Verfahren für den TI-58 beschrieben werden, anschließend handeln wir das vereinfachte Verfahren für den PC-1211 ab. Eine Übertragung auf den TI-59 kann der Leser mit den entsprechenden Programmhinweisen aus der Literatur selbst vornehmen.

## TI-58

Mit dem TI-58 können wir Korrelationsmatrizen vom Rang 6 noch bearbeiten. Zunächst sollen allgemeine Lösungsansätze für Gl. (6-1) vorgestellt werden, danach wird die Berechnung mit dem Taschenrechner erläutert. Wie in allen vorhergehenden Kapiteln wollen wir die Durchführung an einem Beispiel demonstrieren.

Bei der Lösung des Eigenvektorenproblems gehen wir von einem beliebigen Vektor $z_0$ aus und bilden iterierte Vektoren nach der Vorschrift

$$R \cdot z_\nu = z_{\nu+1} \qquad (\nu = 0, 1, 2, \dots, m) \tag{6-2}$$

Die Vektoren $z_0 - z_{m-1}$ werden zu einer Matrix Z zusammengestellt. Wir berechnen dann das Gleichungssystem

$$Z \cdot l = -z_m \tag{6-3}$$

Der berechnete Vektor l enthält die Koeffizienten des charakteristischen Polynoms, aus dem die m Eigenwerte ermittelt werden können:

$$f(\lambda) = \lambda^m + l_m \lambda^{m-1} + l_{m-1} \lambda^{m-2} + \dots + l_1 \lambda^0 \tag{6-4}$$

Nach Auflösung dieser algebraischen Gleichung werden die Eigenwerte nach der Größe sortiert. Für die Berechnung der Eigenvektoren ziehen wir die Matrix Z und das charakteristische Polynom heran. Mit Hilfe des *Horner*-Schemas lassen sich dann die Eigenvektoren leicht berechnen (s. *Zurmühl* 1965, S. 173 f.). Diese werden dann auf den Betrag ihres zugehörigen Eigenwertes normiert.

Gl. (6-2) können wir auch anders formulieren:

$$R^{-1} \cdot z_{\nu+1} = z_\nu \tag{6-5}$$

Für die Berechnung mit dem Taschenrechner bevorzugen wir Gl. (6-5). Die Gln. (6-3) und (6-5) können ohne zusätzliche Programme mit dem Matrixprogramm 2 des Standardsoftwaremoduls gelöst werden.

Die Schritte zu Gl. (6-5): Wahl des Softwareprogramms durch Pgm 02. Danach Eingabe der Matrixordnung von R durch m A 1 B. Jetzt wird R Element für Element spaltenweise mit R/S eingegeben. Nach dem letzten Element wird die Determinantenberechnung und die Inversion der Matrix durch E' eingeleitet. Falls $|R| \neq 0$, kann die invertierte Matrix ausgegeben werden. Dieser Schritt wird durch 1 C' vorbereitet. Nach jedem R/S wird ein Matrixelement ausgedruckt. Die Ausgabe erfolgt spaltenweise.

Vor der eigentlichen Gleichungsberechnung (6-5) muß die gesamte invertierte Matrix nochmal eingegeben werden. Zunächst also wieder Matrixordnung von $R^{-1}$ durch m A 1 B eingeben. Die Matrixelemente werden dann spaltenweise mit R/S eingelesen. Die Determinantenberechnung wird nach der letzten Elementeingabe mit C gestartet.

Jetzt wird folgende Iteration (m + 1)-mal durchgeführt: Tastenbedienung 1 D; falls noch kein Lösungsvektor vorliegt (d.h. 1. Iteration), wird ein willkürlicher Vektor mit m Spalten angenommen. Eingabe der Spalten von $x_\nu$ elementweise mit R/S.

Nach Vektorspeicherung und CLR E 1 A' kann der Vektor $x_{\nu+1}$ elementenweise durch R/S ausgedruckt werden.

Der Vektor l in Gl. (6-3) wird in gleicher Weise errechnet wie in Gl. (6-5).

Für die Auflösung des charakteristischen Polynoms verwenden wir Programm 8 des Standard-Softmoduls. Das Polynom müssen wir als Subroutine A' vorgeben (s. Beispiel). Nach PGM 08 Eingabe von a A b B. Die Grenzen a und b muß man zunächst willkürlich annehmen (s. Beispiel), die Intervallbreite x wird mit C eingetippt. Sofern nach Bedienen der E-Taste kein Blinken in der Anzeige erscheint, wird eine der m Lösungen angezeigt.

Übrig bleibt jetzt die Entwicklung der Eigenvektoren. Wir übernehmen hier ohne Begründung den Lösungsweg wie er bei *Zurmühl* demonstriert wird. Nach Eingabe des Programms HORNER und Bedienen der RST-Taste geben wir das charakteristische Polynom in den Rechner ein. Zunächst wird m mit R/S eingetippt, danach die (m + 1) Koeffizienten des Polynoms ebenfalls mit R/S. Nach der Eingabe eines Eigenwertes $\lambda_i$ mit A werden (m + 1) Werte ausgedruckt. Diese Werte ergeben einen Vektor h. Dann gilt

$$a_i = h_1 \cdot z_{m-1} + h_2 \cdot z_{m-2} + \ldots + h_m \cdot z_0 \qquad (6\text{-}6)$$

Diese Gleichung lösen wir manuell ohne Programm. Ebenfalls die Normierung führen wir ohne Programm durch. Diese erreichen wir durch Anwendung von Gl. (6-7)

$$u_i = a_i \cdot \frac{1}{|a_i|} \cdot \sqrt{\lambda_i} \qquad (6\text{-}7)$$

## Programm HORNER: TI-58

```
000  42 STO     013  42 STO     026  99 PRT     040  65  ×
001  00  00     014  00  00     027  42 STO     041  43 RCL
002  42 STO     015  91 R/S     028  11  11     042  28  28
003  29  29     016  76 LBL     029  76 LBL     043  85  +
004  76 LBL     017  11  A      030  38 SIN     044  73 RC*
005  44 SUM     018  42 STO     031  43 RCL     045  10  10
006  91 R/S     019  28  28     032  09  09     046  95  =
007  72 ST*     020  43 RCL     033  75  -      047  42 STO
008  00  00     021  29  29     034  01  1      048  11  11
009  97 DSZ     022  42 STO     035  95  =      049  99 PRT
010  00  00     023  09  09     036  42 STO     050  97 DSZ
011  44 SUM     024  73 RC*     037  10  10     051  09  09
012  91 R/S     025  09  09     038  43 RCL     052  38 SIN
                                039  11  11     053  92 RTN
```

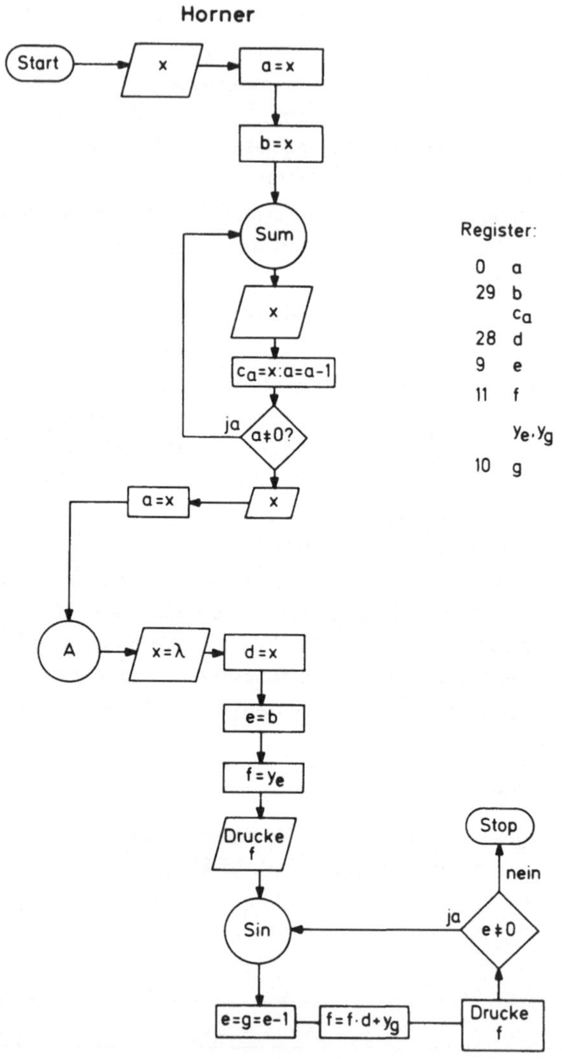


## PC-1211

Die Methode der Eigenwert-Berechnungen wird im „Applications Manual" beschrieben, deshalb kann hier die Funktion des Algorithmus als „Black-Box-Verfahren" angesehen werden. Wie man von den Eigenwerten zu den Eigenvektoren gelangt, wird durch eine Umformung von Gl. (6-1) deutlich. Gl. (6-1) ist nämlich identisch mit

$$(R - \lambda E) \cdot a = 0 \qquad (6\text{-}8)$$

E ist eine Matrix, welche in der Diagonalen lauter 1-Elemente enthält, ansonsten aber nur 0-Elemente („Einheitsmatrix"). Mit anderen Worten: Von allen Diagonalelementen der

Affinitätsmatrix wird ein Lösungswert von λ subtrahiert. Auf der rechten Seite von Gl. (6-8) steht der Nullvektor, mit Hilfe des *Gauß*schen Algorithmus können wir das lineare Gleichungssystem lösen.

Nach Eingabe des Bibliothekprogramms A-14 in den PC-1211 wird der Rechner in die Betriebsart DEF umgeschaltet. Mit SHIFT A wird der Lauf gestartet. Auf die Frage „ORDER" gibt der Benutzer die Dimension der Matrix (= m) ein. Danach werden die Elemente der Matrix eingetippt, unterstützt durch Hinweise des Computers. Nach dieser Prozedur startet der PC-1211 die Berechnung der Eigenwerte. Diese können auf dem Display abgelesen werden, zusätzlich wird die Güte der Resultate (Konvergenz) angezeigt.

Zur Lösung der linearen Gleichungssysteme kann das Bibliotheksprogramm A-1 verwendet werden. Auch wenn es in der Handhabung nicht optimal ist (nach jedem Lauf muß ein Gleichungssystem neu eingegeben werden), soll es hier benutzt werden. Nach Programmeingabe und Umschalten auf DEF wird der Lauf mit SHIFT A gestartet. Auf die Frage „ORDER" wird mit der Eingabe der Dimension m geantwortet. Die Matrixelemente werden dann zeilenweise eingetippt. Man beachte jedoch, daß das Element $r_{ii}$ der i-ten Zeile nicht 1 sondern $(1-\lambda)$ gesetzt werden muß. Auf das letzte Element jeder Zeile folgt eine Null (Element des in Gl. (6-8) rechtseitigen Nullvektors). Nach Tippen des letzten Wertes wird SHIFT S betätigt. Als Resultat werden die Elemente des Vektors a angezeigt. Zum Schluß wird eine Normierung der Eigenvektoren nach Gl. (6-7) (am Schluß der Beschreibungen für die TI-58-Berechnungen) durchgeführt.

## Beispiel

Bei einer mikrobiologischen Erkundung von 12 Untersuchungsorten in der Umgebung von Keil (*Bölter* et al. 1980) wurden 64 Parameter, physikalischer, chemischer und biologischer Art, untersucht. Es sollen die ersten sechs Parameter des Datensatzes für dieses Beispiel ausgewählt werden. Diese sollen einer Hauptkomponentenanalyse unterzogen werden.

Die Korrelationsmatrix (es wurde nicht die Produkt-Moment- sondern die Rang-Korrelation von *Spearman* gewählt) wurde an einer Rechenanlage des Rechenzentrums Kiel erstellt.

Korrelationsmatrix

| | | | | | |
|---|---|---|---|---|---|
| 1.0000 | 0.5105 | 0.7552 | −0.0629 | −0.2378 | −0.3636 |
| 0.5105 | 1.0000 | 0.3217 | 0.1329 | 0.3776 | −0.0350 |
| 0.7552 | 0.3217 | 1.0000 | 0.2937 | 0.0280 | −0.7413 |
| −0.0629 | 0.1329 | 0.2937 | 1.0000 | 0.3077 | −0.4336 |
| −0.2378 | 0.3776 | 0.0280 | 0.3077 | 1.0000 | −0.2587 |
| −0.3636 | −0.0350 | −0.7413 | −0.4336 | −0.2587 | 1.0000 |

## TI-58

Von dieser Korrelationsmatrix wird zunächst die Inverse gebildet. Die Eingabe der Matrix wird mit Pgm 02 6 A 1 B vorbereitet. Danach werden die Spalten elementweise mit R/S eingetippt also 1 R/S 0.5105 R/S 0.7552 R/S... 1.000. R/S dann durch E′ initiiert. Für die Determinante erhalten wir den Wert 0.0246578011. Die Ausgabe der invertierten Matrix wird mit 1 C′ vorbereitet. Die einzelnen Elemente werden mit R/S zur Anzeige gebracht.

Es ist deutlich zu erkennen, daß die gesuchten Eigenwerte zwischen 0 und 3 zu finden sind. Das Software-Programm zur Nullstellenberechnung wird mit Pgm 08 vorbereitet. Der Bereich, in dem Nullstellen zu vermuten sind, wird durch 0 A 3 B angegeben. Anfangsschrittweite sei 0.1. Der Fehler $\epsilon$ soll 0.00001 sein.

Tastenbedienung 0.1 C 0.00001 D. Sodann wird E so oft gedrückt, bis ein blinkender Wert in der Anzeige erscheint. Die nicht blinkenden Werte sind Nullstellen der Funktion.

Leider können nur 4 Eigenwerte vom Rechner gefunden werden. Entweder kommen Mehrfachnullstellen vor, oder die Anfangsschrittweite wurde zu groß gewählt. Es soll aber hier nicht weiter nach den fehlenden Nullstellen gefahndet werden, da die zugehörigen Eigenvektoren keine wesentliche Neuinformation über die Korrelationsmatrix geben (je enger die Eigenwerte zusammenliegen, desto unstrukturierter ist die Korrelationsmatrix).

$\lambda_1 = 2.577505493$
$\lambda_2 = 1.495266724$
$\lambda_3 = 1.141293335$
$\lambda_4 = 0.0803863525$

Mit dem Programm HORNER werden die Vektoren $h_1 - h_4$ gebildet.

| $h_1$ | $h_2$ | $h_3$ | $h_4$ |
|---|---|---|---|
| 1. | 1. | 1. | 1. |
| -3.608594507 | -4.690833276 | -5.044806665 | -6.105713648 |
| 4.546927836 | 6.834053095 | 8.090495777 | 13.35728395 |
| -2.407168526 | -3.908167818 | -4.893271093 | -13.05315666 |
| .5173099019 | .8780467105 | 1.137142315 | 5.672504347 |
| -.0282308864 | -.0486859717 | -.0637870547 | -0.905608066 |
| .0000347353 | .0000014865 | .0000002596 | .0000014708 |

Unter Anwendung von Gl. (6-6) erhalten wir vier Eigenvektoren:

| $a_1$ | $a_2$ | $a_3$ | $a_4$ |
|---|---|---|---|
| 3.774 | −1.530 | 0.615 | −2.692 |
| 2.766 | 0.038 | 3.072 | 1.471 |
| 4.692 | −0.521 | −0.724 | 1.712 |
| 2.299 | 1.559 | −1.008 | −0.693 |
| 1.278 | 1.961 | 1.386 | −1.197 |
| −3.978 | −0.495 | 1.832 | −0.289 |

Diese haben folgende Beträge:

$|a_1| = 8.164$
$|a_2| = 3.022$
$|a_3| = 4.078$
$|a_4| = 3.787$

Wir können jetzt die normierten Eigenvektoren berechnen:

| $a_1$ | $a_2$ | $a_3$ | $a_4$ |
|---|---|---|---|
| 0.742 | −0.619 | 0.161 | −0.202 |
| 0.544 | 0.015 | 0.805 | 0.110 |
| 0.923 | −0.211 | −0.190 | 0.128 |
| 0.452 | 0.631 | −0.264 | −0.052 |
| 0.251 | 0.793 | 0.363 | −0.090 |
| −0.782 | −0.200 | 0.480 | −0.022 |

Das Verfahren hätte eigentlich schon nach Berechnung der Determinante für die Korrelationsmatrix abgebrochen werden können, da ihr geringer Wert (D = 0.025) zeigt, daß das Gleichungssystem schlecht konditioniert (s. *Dietrich* und *Stahl* 1977, S. 166 ff.) ist.

## PC-1211

Nach Eingabe des Bibliothekprogramms A-14 und Umschalten des Rechners auf DEF wird der Lauf mit SHIFT A gestartet. Die Frage „ORDER?" des Rechners wird mit 6 ENTER beantwortet. Danach wird die Affinitätsmatrix zeilenweise eingetippt also 1 ENTER 0.5105 ENTER ... −0.2587 ENTER 1 ENTER. Nach Eingabe der letzten Zahl wird sofort die Berechnung der Eigenwerte durchgeführt (Rechendauer ca. 30 Minuten!). Auf dem Display erscheinen folgende Anzeigen:

| | | |
|---|---|---|
| 1.22023 | E − 01 | 0 |
| 7.88081 | E − 02 | 0 |
| 1.146901329 | | 0 |
| 5.80371 | E − 01 | 0 |
| 2.577289278 | | 0 |
| 1.494606314 | | 0 |

Die Berechnung eines Eigenvektors soll nur für den größten Eigenwert demonstriert werden (es wurde das TI-58 Resultat 2.5775 verwendet!). Das Gleichungssystem, das berechnet werden soll, ergibt sich aus der beschriebenen Anleitung (S. 99):

$$\begin{pmatrix} -1.5775 & 0.3217 & 0.1329 & 0.3776 & -0.0350 \\ 0.3217 & -1.5775 & 0.2937 & 0.0280 & -0.7413 \\ 0.1329 & 0.2937 & -1.5775 & 0.3077 & -0.4336 \\ 0.3776 & 0.0280 & 0.3077 & -1.5775 & -0.2587 \\ -0.0350 & -0.7413 & -0.4336 & -0.2587 & -1.5775 \end{pmatrix} \cdot x = \begin{pmatrix} -0.5105 \\ -0.7552 \\ +0.0629 \\ +0.2378 \\ +0.3636 \end{pmatrix}$$

Nach Eintippen oderLaden des Bibliothekprogramms A-1 in den PC-1211 wird in Rechenart DEF SHIFT A betätigt. Die Frage „ORDER?" wird mit 5 ENTER beantwortet. Danach Eingabe des Gleichungssystems:

−1.5775 ENTER 0.3217 ENTER ... −1.5775 ENTER 0.3636 ENTER.

Mit SHIFT S wird die Berechnung des Lösungsvektors gestartet.

Nacheinander erscheinen auf dem Display folgende Werte:

| | | |
|---|---|---|
| 1 | 7.325571034 | E − 01 |
| 2 | 1.242415999 | |
| 3 | 6.086281462 | E − 01 |
| 4 | 3.381109871 | E − 01 |
| 5 | −1.053320415 | |

Gemäß der auf S. 99 gestellten Bedingung soll das erste Element des Eigenvektors 1 gesetzt werden. Hier der vollständige Vektor:

$$a = \begin{pmatrix} 1.0000 \\ 0.7326 \\ 1.2424 \\ 0.6086 \\ 0.3381 \\ -1.0533 \end{pmatrix}$$

Es muß nun noch nachgewiesen werden, daß dieser Vektor kollinear mit dem Lösungsvektor $a_1$ aus der TI-58-Prozedur ist. Wir berechnen:

$$a_1/0.742 = 1/0.742 \begin{pmatrix} 0.742 \\ 0.544 \\ 0.923 \\ 0.452 \\ 0.251 \\ -0.782 \end{pmatrix} = \begin{pmatrix} 1.000 \\ 0.733 \\ 1.244 \\ 0.609 \\ 0.338 \\ -1.054 \end{pmatrix}$$

Sieht man von kleinen Abweichungen, welche sich durch Rundungsfehler ergeben ab, kann man feststellen, daß TI-58-Lösung und PC-1211-Resultat übereinstimmen.

Jeder Vektor $a_i$ enthält die Abstände der Merkmale von einer Achse des neuen Koordinatensystems. Die Werte von $a_1$ beispielsweise repräsentieren die Abstände von der x-Achse, die von $a_2$ die y-Achsenabstände, usw. Aus einer graphischen Darstellung kann man evtl. Gruppierungen der Merkmale und damit strukturelle Zusammenhänge erkennen.

Bei der Programmierung der Systemgleichungen muß darauf geachtet werden, ob jeweils $y_i$, $z_i$ usw. verändert werden oder nicht. Falls ersteres zutrifft müssen diejenigen Register adressiert werden, die oben mit „mm“ symbolisiert wurden, andernfalls wird mit den Registern „nn“ gearbeitet.

## Programm RUNKUT: TI-58

```
000  76 LBL
001  44 SUM
002  73 RC*
003  18  18
004  42 STO
005  14  14
006  71 SBR
007  40 IND
008  10  10
009  65  ×
010  53  (
011  43 RCL
012  17  17
013  55  ÷
014  02  2
015  54  )
016  42 STO
017  16  16
018  44 SUM
019  19  19
020  95  =
021  74 SM*
022  18  18
023  42 STO
024  15  15
025  71 SBR
026  40 IND
027  10  10
028  65  ×
029  04  4
030  65  ×
031  43 RCL
032  16  16
033  95  =
034  74 SM*
035  18  18
036  48 EXC
037  15  15
038  44 SUM
039  15  15
040  65  ×
041  03  3
042  95  =
043  94 +/-
044  74 SM*
045  18  18
046  43 RCL
047  16  16
048  44 SUM
049  19  19
050  71 SBR
051  40 IND
052  10  10
053  65  ×
054  43 RCL
055  16  16
056  85  +
057  43 RCL
058  15  15
059  95  =
060  55  ÷
061  03  3
062  85  +
063  43 RCL
064  14  14
065  95  =
066  72 ST*
067  18  18
068  92 RTN
```

## PC-1211

Wie oben schon angedeutet, existiert ein Programm des Rechner-Herstellers für Differentialgleichungssysteme (Nr. A-13, Applications Manual, S. 29 ff.). Auf Erläuterungen zu diesem Programm wird deshalb an dieser Stelle verzichtet.

## Beispiel

Es soll ein Drei-Komponentenmodell von *Koh* und *Sprung* (1978) gerechnet werden, welches eine Vereinfachung von *Probsts* (1976) Acht-Komponentenmodell darstellt.

In dem marinen Modell wird eine anfängliche Nährstoffkonzentration $ST_0$ von autotrophen Planktonorganismen allmählich verbraucht. Vom Phytoplankton (Konzentration $A_i$) ernährt sich herbivores Zooplankton (Konzentration $B_i$). Für dieses Modell haben die Autoren nachfolgendes Gleichungssystem aufgestellt:

$$\frac{d\,ST}{dt} = -a_1 \cdot \frac{ST}{K_{ST} + A} \cdot A \quad \text{Nährstoffkonzentration} \tag{7-21}$$

$$\frac{dA}{dt} = a_1 \cdot \frac{ST}{K_{ST} + A} \cdot A - a_2 \cdot A \cdot (1 - ST/ST_0) - a_3 \cdot (1 - e^{-dp(A - A_{min})}) \cdot Q \cdot B \quad \text{Phytoplankton} \tag{7-22}$$

$$\frac{dB}{dt} = a_3 \cdot (1 - e^{-dp(A - A_{min})}) \cdot Q \cdot B - a_4 \cdot B \quad \text{herbivores Zooplankton} \tag{7-23}$$

$$Q = \begin{matrix} 1 \text{ für } (A - A_{min}) > 0 \\ 0 \text{ für } (A - A_{min}) \leqslant 0 \end{matrix} \tag{7-24}$$

Bedeutung der Konstanten und Variablen:

$a_1$: max. Aufnahmerate des Phytonplanktons für den Stoff ST ($g\,d^{-1}$)

$a_2$: max. Sterberate des Phytoplanktons ($g\,d^{-1}$)

$a_3$: max. Freßrate des Zooplanktons ($g\,d^{-1}$), entspricht der Wachstumsrate

$a_4$: Sterberate des Zooplanktons ($g\,d^{-1}$)

$K_{ST}$: *Michaelis*-Konstante für die Aufnahme des Stoffes ST durch das Phytoplankton; 0,2 mg $l^{-1}$ (*Chen* und *Orlob* 1975)

dp: Angabe für die Steilheit der e-Funktion; 1.0

$A_{min}$: Minimale Konzentration des Phytoplanktons, um vom Zooplankton gefressen zu werden; 0.14 g C-Äqu $m^{-2}$

$A_0$: Ausgangskonzentration des Phytoplanktons zum Zeitpunkt $t_0$; (g org C $m^{-2}$)

$B_0$: Ausgangskonzentration des Zooplanktons zum Zeitpunkt $t_0$; (g org C $m^{-2}$)

$ST_0$: Ausgangskonzentration der Nährstoffe zum Zeitpunkt $t_0$ in der Wassersäule; (g org C-Äqu. $m^{-2}$)

## TI-58

Das Programm für dieses Modell wollen wir in Segmente zerlegen, damit dem Leser die einzelnen Abschnitte verständlicher werden.

## Programm 3-KOMPONENTEN-MODELL

1. Hauptprogramm

```
000  42 STO
001  00  00
002  43 RCL
003  19  19
004  99 PRT
005  43 RCL
006  01  01
007  99 PRT
008  42 STO
009  02  02
010  43 RCL
011  03  03
012  99 PRT
013  42 STO
014  04  04
015  43 RCL
016  05  05
017  99 PRT
018  42 STO
019  06  06
020  98 ADV
021  06  6
022  05  5
023  42 STO
024  10  10
025  01  1
026  42 STO
027  18  18
028  71 SBR
029  44 SUM
030  43 RCL
031  17  17
032  22 INV
033  44 SUM
034  19  19
035  08  8
036  03  3
037  42 STO
038  10  10
039  03  3
040  42 STO
041  18  18
042  71 SBR
043  44 SUM
044  43 RCL
045  17  17
046  22 INV
047  44 SUM
048  19  19
049  01  1
050  05  5
051  07  7
052  42 STO
053  10  10
054  05  5
055  42 STO
056  18  18
057  71 SBR
058  44 SUM
059  97 DSZ
060  00  00
061  00  00
062  02  02
063  91 R/S
064  81 RST
```

2. Nährsalzgleichung

```
065  43 RCL
066  07  07
067  94 +/-
068  65  ×
069  43 RCL
070  04  04
071  65  ×
072  43 RCL
073  01  01
074  55  ÷
075  53  (
076  43 RCL
077  11  11
078  85  +
079  43 RCL
080  04  04
081  95  =
082  92 RTN
```

### 3. Phytoplankton

```
083  43 RCL
084  07  07
085  65  ×
086  43 RCL
087  03  03
088  65  ×
089  43 RCL
090  02  02
091  55  ÷
092  53  (
093  43 RCL
094  11  11
095  85  +
096  43 RCL
097  03  03
098  95  =
099  75  -
100  43 RCL
101  08  08
102  65  ×
103  43 RCL
104  03  03
105  65  ×
106  53  (
107  01  1
108  75  -
109  43 RCL
110  02  02
111  55  ÷
112  43 RCL
113  13  13
114  95  =
115  75  -
116  43 RCL
117  09  09
118  65  ×
119  53  (
120  01  1
121  75  -
122  53  (
123  43 RCL
124  03  03
125  75  -
126  93  .
127  01  1
128  04  4
129  54  )
130  94 +/-
131  22 INV
132  23 LNX
133  54  )
134  65  ×
135  53  (
136  53  (
137  43 RCL
138  03  03
139  75  -
140  93  .
141  01  1
142  04  4
143  54  )
144  69 OP
145  10  10
146  85  +
147  24 CE
148  50 I×I
149  54  )
150  69 OP
151  10  10
152  65  ×
153  43 RCL
154  06  06
155  95  =
156  92 RTN
```

### 4. Herbivores Zooplankton

```
157  43 RCL
158  09  09
159  65  ×
160  53  (
161  01  1
162  75  -
163  53  (
164  43 RCL
165  04  04
166  75  -
167  93  .
168  01  1
169  04  4
170  54  )
171  94 +/-
172  22 INV
173  23 LNX
174  54  )
175  65  ×
176  53  (
177  53  (
178  43 RCL
179  04  U4
180  75  -
181  93  .
182  01  1
183  04  4
184  54  )
185  69 OP
186  10  10
187  85  +
188  24 CE
189  50 I×I
190  54  )
191  69 OP
192  10  10
193  65  ×
194  43 RCL
195  05  05
196  95  =
197  75  -
198  43 RCL
199  12  12
200  65  ×
201  43 RCL
202  05  05
203  95  =
204  92 RTN
```

Die Konstanten werden manuell in folgenden Datenregistern gespeichert:

| | | | |
|---|---|---|---|
| $a_1$: | Reg 07 | $ST_0$: | Reg 01 |
| $a_2$: | Reg 08 | | Reg 13 |
| $a_3$: | Reg 09 | $A_0$: | Reg 03 |
| $a_4$: | Reg 12 | $B_0$: | Reg 05 |
| $k_{ST}$: | Reg 11 | h: | Reg 17 |

Es soll ein Modell mit folgenden Bedingungen gerechnet werden:

| | | | |
|---|---|---|---|
| $a_1$: | 0.1 g $d^{-1}$ | $ST_0$: | 10 g org C-Äqu. $m^{-2}$ |
| $a_2$: | 0.0 g $d^{-1}$ | $A_0$: | 0.1 g org C $m^{-2}$ |
| $a_3$: | 0.2 g $d^{-1}$ | $B_0$: | 0.1 g org C $m^{-2}$ |
| $a_4$: | 0.0 g $d^{-1}$ | | |

Die Laufzeit sei 60 Tage mit h = 1 Tag.

Die Subroutine RUNKUT wird hinter die Gleichung für das herbivore Zooplankton gestellt. Benutzern des TI-58, welche ihre Programme auf Magnetkarten abgespeichert haben, sei folgende Einlesetechnik empfohlen: 6 Op 17 1 READ (Hauptprogramm + Modellgleichung) –2 READ (Subroutine).

Start des Laufs: RST 60 R/S.

Sofern ein Drucker angeschlossen wird, läßt sich folgende Tabelle ausdrucken:

| | | | |
|---:|---:|---:|---:|
| 0.<br>10.<br>0.1<br>0.1 | 10.<br>4.217425164<br>6.120947478<br>.4856600814 | 20.<br>1.596823726<br>6.078162782<br>3.576420638 | 30.<br>.7397579949<br>.1537380827<br>11.84469533 |
| 1.<br>9.672160494<br>0.669634113<br>0.1 | 11.<br>3.828162466<br>6.432743115<br>.5928535356 | 21.<br>1.449470293<br>5.519759774<br>4.365701281 | 31.<br>.7082959055<br>.1536161262<br>11.87706162 |
| 2.<br>8.955324993<br>1.465200945<br>.1085709989 | 12.<br>3.474311304<br>6.685853946<br>.7238042659 | 22.<br>1.316128825<br>4.792065952<br>5.327069148 | 32.<br>.6781851308<br>.1526490706<br>11.90922981 |
| 3.<br>8.201000911<br>2.254820678<br>.1257426279 | 13.<br>3.152818378<br>6.878760871<br>0.883752693 | 23.<br>1.195654169<br>3.869154103<br>6.493736187 | 33.<br>.6494551355<br>.1522317193<br>11.93920587 |
| 4.<br>7.481252701<br>2.99347651<br>.1499154627 | 14.<br>2.860848082<br>7.008661348<br>1.079101315 | 24.<br>1.087199156<br>2.741027438<br>7.893058072 | 34.<br>.6219840262<br>.1515405134<br>11.96827069 |
| 5.<br>6.811821446<br>3.670372294<br>0.181000103 | 15.<br>2.595783839<br>7.071240438<br>1.317668636 | 25.<br>.9904476811<br>1.495970747<br>9.498196453 | 35.<br>.5957414172<br>.1510687005<br>11.99576744 |
| 6.<br>6.195500956<br>4.283468987<br>.2197714395 | 16.<br>2.355222168<br>7.060398719<br>1.608998609 | .26.<br>.9068227379<br>.5161177444<br>11.01815703 | 36.<br>.5706496609<br>.1505076231<br>12.02220562 |
| 7.<br>5.630962914<br>4.833531215<br>.2675646179 | 17.<br>2.136963088<br>6.967924599<br>1.964736009 | 27.<br>0.843765127<br>.1587468834<br>11.73105548 | 37.<br>.5466645833<br>.1500497221<br>12.04736459 |
| 8.<br>5.115371303<br>5.322148113<br>.3261884788 | 18.<br>1.938999056<br>6.78310039<br>2.3990784 | 28.<br>.8072420958<br>.1543862956<br>11.77471093 | 38.<br>.5237267171<br>.1495673492<br>12.07148196 |
| 9.<br>4.645355406<br>5.750902494<br>.3979381371 | 19.<br>1.759503975<br>6.49223785<br>2.929311784 | 29.<br>.7728299625<br>.1554658008<br>11.80839539 | 39.<br>.5017908768<br>.1491422839<br>12.09449214 |

```
        40.
.4808072902
.1487167641
12.11652566

        41.
.4607333869
.1483281919
12.13757551

        42.
.4415258253
.1479481589
12.15772507

        43.
.4231455455
.1475948649
12.17699003

        44.
.4055541114
.1472532081
12.19543043

        45.
.3887160114
.1469325052
12.21307037

        46.
.3725968452
.1466241223
12.22995691

        47.
.3571644221
.1463330203
12.24611658

        48.
.3423877926
.1460539177
12.26158831

        49.
.3282377904
.1457895293
12.27639853

        50.
.3146864768
0.145536418
12.29058056

        51.
.3017074125
.1452960897
12.30415961

        52.
.2892753158
.1450661803
12.31716481

        53.
.2773661976
.1448475218
12.32961974

        54.
.2659571376
.1446384068
12.34155021

        55.
.2550263474
.1444392813
12.35297801

        56.
.2445530151
.1442488599
12.36392622

        57.
.2345173304
.1440673626
12.37441489

        58.
.2249003709
.1438937874
12.38446477

        59.
.2156841066
.1437282207
12.39409426

        60.
0.206851313
.1435698583
12.40332207
```

Verbal ausgedrückt, wird in dem Modell angenommen, daß sowohl Phyto- als auch Zooplankton keine natürliche Sterberate besitzen. Die Summe aus Nährstoff-, Phytoplankton- und Zooplanktonkonzentration übersteigt sehr schnell die Summe der Ausgangskonzentration, ein Zeichen dafür, daß die Schrittweite h zu groß gewählt wurde. Deshalb wurde ein zweiter Durchlauf mit der Schrittweite h = 0.1 gestartet. Es wurden folgende Werte berechnet:

| | | | | | |
|---|---|---|---|---|---|
| $ST_0$ | : 10.00 | $ST_{10}$ | : 4.08 | $ST_{15}$ | : 2.51 |
| $A_0$ | : 0.10 | $A_{10}$ | : 5.65 | $A_{15}$ | : 6.33 |
| $B_0$ | : 0.10 | $B_{10}$ | : 0.53 | $B_{15}$ | : 1.43 |
| $ST_{20}$ | : 1.55 | $ST_{30}$ | : 0.77 | $ST_{40}$ | : 0.50 |
| $A_{20}$ | : 4.87 | $A_{30}$ | : 0.16 | $A_{40}$ | : 0.15 |
| $B_{20}$ | : 3.88 | $B_{30}$ | : 9.50 | $B_{40}$ | : 9.78 |
| $ST_{50}$ | : 0.32 | $ST_{60}$ | : 0.21 | | |
| $A_{50}$ | : 0.15 | $A_{60}$ | : 0.14 | | |
| $B_{50}$ | : 9.96 | $B_{60}$ | : 10.07 | | |

Die Werte zeigen, daß das Modell durch die Wahl einer kleineren Schrittweite wesentlich verbessert werden konnte. Nachteilig wirkt sich diese Schrittweitenverringerung auf die Rechenzeit aus. Für die Berechnung des letzteren Modells wurden insgesamt 6 Stunden Rechenzeit benötigt.

## PC-1211

Das Programm A-13 des Applications Manual wird um folgende Zeilen ergänzt:

```
200  "B": CLEAR: INPUT "A1"; A(19)
210  INPUT "A2"; A(20)
220  INPUT "A3"; A(21)
230  INPUT "A4"; A(22)
240  A(23)=.2
250  A(24)=1
260  A(25)=.13
280  INPUT "XO "; A(26)
290  INPUT "STO ";J
300  A(27)=J
310  INPUT "AO "; K
320  INPUT "BO "; L
330  INPUT "H "; B
335  F=3: C=F
340  GOTO 70
```

Das eigentliche Modell wird mit folgender Subroutine programmiert:

```
900  if (K-A(25))>0 let A(28)=1
910  M=-A(19) * J/(A(23)+K) * K
915  N=A(19) * J
920  N=N/A(23)+K) * K-A(20) * K * (1-J/A(27))-A(21) * (1-EXP(-
     A(24) * (K-A(25)))) * A(28) * L
930  0=A(21) * (1-EXP(-A(24) * (K-A(25)))) * A(28) * L-A(22) * L
940  A(28)=0
950  RETURN
```

Das Programm wird in dem Rechner-Modus DEF mit SHFT B gestartet. Danach werden

$a_1, a_2, a_3, a_4$
$x_0$
$ST_0, A_0, B_0$
h
mit ENTER eingegeben.

Die Rechnung wird nach ausreichender Laufzeit des Modells (Erreichen) des Wertes $x_n$) durch BREAK abgebrochen.

Die Werte des Modells wurden schon oben (bei der Demonstration der TI-58-Version) angegeben, die Laufzeit sei 60 Tage mit h = 1 Tag.

Folgende (verkürzte) Wertetabelle resultiert aus dieser Simulation:

| $x_n$ | $ST_n$ | $A_n$ | $B_n$ |
|---|---|---|---|
| 0 | 10 | 0.1 | 0.1 |
| 10 | 4.07 | 5.59 | 0.53 |
| 20 | 1.55 | 4.74 | 3.91 |
| 30 | 0.78 | 0.15 | 9.27 |
| 40 | 0.51 | 0.14 | 9.55 |
| 50 | 0.34 | 0.14 | 9.72 |
| 60 | 0.23 | 0.13 | 9.84 |

Vergleicht man diese Werte mit denen des TI-58-Modells, dann ist zu erkennen, daß das verbesserte *Runge-Kutta*-Verfahren der PC-1211-Programmversion trotz großer Schrittweite genauere Resultate als das TI-58-Programm bei Schrittweite h = 0.1 liefert. Ein Maß für die Güte der Resultate ist die Summe $S = ST_n + A_n + B_n$. Je stärker diese Summe von 10.2 abweicht, desto größer der Fehler (Gesetz von der Erhaltung der Masse).

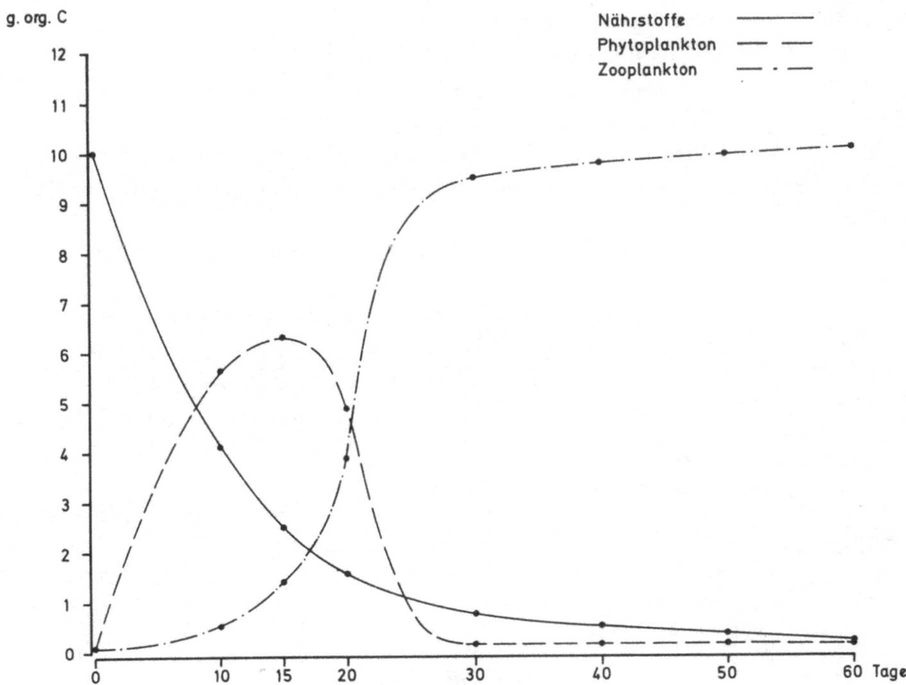


**Bild 10** Pelagisches Systemmodell. (Einzelheiten s. Text.)

# Literatur


*Abramowith, M., I. A. Stegun* (1972): Handbook of mathematical functions; Dover Public. Inc., New York, 1046 S.

*Agnew, A. D. Q.* (1961): The ecology of Juncus effusus L. in North Wales. J. Ecol. **49**, S. 83–102.

*Austin, M.P., L. Orloci* (1964): Geometrie models in ecology II. An evaluation of some ordination techniques. J. Ecol. **54**, S. 212–227.

*Bock, H. H.* (1974): Automatische Klassifikation; Vandenhoeck & Ruprecht, Göttingen, 480 S.

*Bölter, M., M. Meyer, B. Probst* (1980): A statistical scheme for structural analysis in marine ecosystemes; Ecol. Modelling **9**, S. 143–151.

*Braun-Blanquet, J.* (1964): Pflanzensoziologie; Springer Verlag, Berlin, 865 S.

*Ceska, A., H. Roemer* (1971): A Computer Program for Identifying Species. Relevè Groups in Vegetation Studies. Vegetatio **23**, 3–4, S. 255–277.

*Cube, F. von* (1975): Was ist Kybernetik? dtv, München, 300 S.

*Dale, M.* (1977): Graph theoretical analysis of the phytosociological structure of plant communities: The theoretical basis. Vegetatio **34**, S. 137–154.

*De Vries, D.M.* (1953): Objekctive combinations of species. Acta Bot. Neerl. **1**, **4**.

*DHI* (1971–1976): Beobachtungen auf den deutschen Feuerschiffen der Nord- und Ostsee, Hamburg.

*Diepold, P.* (1979): Taschenrechnerprogramme zur Statistik, Harri Deutsch, Frankfurt/ Main, 96 S.

*Dietrich, G., H. Stahl* (1977): Matrizen und Determinanten und ihre Anwendung in Technik und Ökonomie, VEB Fachbuchverlag Leipzig, 391 S.

*Documenta Geigy* (1962): Wissenschaftliche Tabellen, Geigy AG, Basel, 742 S.

*Ellenberg, E.* (1956): Einführung in die praktische Vegetationskunde, aus: *H. Walter:* Einführung in die Phytologie, IV Grundlagen der Vegetationsgliederung I. Teil. Ulmer Verlag, Stuttgart, 136 S.

*Gellert, W., H. Kästner, S. Neuber* (1979): Lexikon der Mathematik, VEB Bibliographisches Institut, Leipzig, 624 S.

*Gloistehn, H.H.* (1977): Programmieren von Taschenrechnern; 1: Lehr- und Übungsbuch für den SR-56, Vieweg Braunschweig, 140 S.

*Greig-Smith, P.* (1961): Data on pattern within plant cummunities; I. The analysis of pattern, J. Ecol. **49**, S. 695–702.

*Greig-Smith, P.* (1964): Quantitative plant ecology. Butterworth, London, 256 S.

*Groenewoud, G. van, P. Ihm* (1974): A cluster analysis based on graph theory. Vegetatio **29**, 2, S. 115–120.

*Hainer, K.* (1980): Numerische Algorithmen auf programmierbaren Taschenrechnern, Bibliograph. Institut, Mannheim, Wien, Zürich, 251 S.

*Harary, F.* (1972): Graph Theory; Addison-Wesley Publ. Comp. Reading, Mass., 274 S.

*Homuth, K.* (1976): Untersuchungen über den jahreszeitlichen Strukturwandel der epilitischen Litoralvegetation in der Kieler Bucht (westl. Ostsee) an unterschiedlich brandungsexponierten Standorten. Diss. Kiel, 149 S.

*Janetschek, H.* (1982): Ökologische Feldmethoden. Ulmer, Stuttgart, 175 S.

*Jenkins, G. M., D. G. Watts* (1968): Spectral analysis and its applications; Holden-Day, San Francisco, 525 S.

*Jordan-Engeln, G., F. Reutter* (1974): Formelsammlung zur Numerischen Mathematik mit Fortran IV-Programmen, Bibliographisches Institut Mannheim, 303 S.

*Kahlig, P.* (1979): Mathematische Routinen der Physik, Chemie und Technik für AOS-Rechner; Teil 1 aus: Anwendung programmierbarer Taschenrechner 3/I, Vieweg Braunschweig, 178 S.

*Kahmann, J.* (1980): Numerische Mathematik-Programme für den TI-58, Vieweg Braunschweig, 155 S.

*Kershaw, K. A.* (1957): Quantitative Dynamic Plant Ecology, Arnold London.

*Köhler, J., R. Höwelmann, H. Krämer* (1967): Analytische Geometrie in vektorieller Darstellung; Salle Verlag Frankfurt/Main, 196 S.

*Koh, C. H.* (1979): Untersuchungen zur Gemeinschaftsstruktur der epi- und endophytischen Kleinalgenvegetation in der Kieler Bucht (westl. Ostsee), Dissertation, Kiel, 198 S.

*Koh, C. H., M. Sprung* (1978): Die Simulation eines ökologischen Systems; Semesterarbeit zum biologischen meereskundlichen Großpraktikum, Kiel, 13 S.

*Komarkova, V.* (1980): Classification and ordination in the Indian Peaks area, Colorado Rocky Mountains. Vegetatio. **42**, S. 149–164.

*Kowalsky, H. J.* (1975): Lineare Algebra. De Gruyter Berlin, New York, 341 S.

*Kreyszig, E.* (1970): Statistische Methoden und ihre Anwendungen, Vandenhoek & Ruprecht, Göttingen, 422 S.

*Kriz, J.* (1973): Statistik in den Sozialwissenschaften. Rowohlt, Reinbek (Hamburg), 333 S.

*Lamers, A.* (1979): TI-59-Programmpaket für die einfache und multiple Regressionsanalyse, in: Bleymüller, J., G. Gehlert: Statistische Formeln und Tabellen, Franz Vahlen München, S. 61–74.

*Laue, R.* (1970): Elemente der Graphentheorie und ihre Anwendung in den biologischen Wissenschaften, Akademische Verlagsgesellschaft Leipzig, 237 S.

*Le Roy, H. L.* (1980): Prinzipien der linearen Algebra, Haupt Bern, Stuttgart, 328 S.

*Lienert, G. A.* (1978): Verteilungsfreie Methoden in der Biostatistik, Bd. II, Anton Hain, Meisenheim a. Glan, 1246 S.

*Lorenz, P.* (1965): Anschauungsunterricht in Mathematischer Statistik, Bd. I. Einführung, Hirzel Verlag, Leipzig, 159 S.

*May, R.M.* (1980): Theoretische Ökologie. Verl. Chemie; Weinheim, Basel; 284 S.

*Meyer, M.* (1975): Über die Anwendung von pflanzensoziologischen Computerprogrammen auf die Benthosvegetation der Ostsee, Diplomarbeit Universität Kiel, 103 S.

*Meyer, M.* (1983): Strukturanalytische Untersuchungen am Phytobenthos der Kieler Bucht mittels mathematischer Methoden. (Zum Problem der Anwendung klassischer und moderner Konzepte in der marinen Vegetationskunde), Dissertation, Kiel, 251 S.

*Meyer, M., H. Michaelis* (1980): Das Makrobenthos des westlichen „Hohen Weges“, Jahresbericht Forschungsstelle Norderney, Bd. 31, S. 91–155.

*Mühlenberg, M.* (1976): Freilandökologie. Quelle und Meyer, Heidelberg, 214 S.

*Nöbauer, W., W. Timischl* (1979): Mathematische Modelle in der Biologie. Vieweg, Braunschweig, Wiesbaden, 232 S.

*Noltemeier, H.* (1976): Graphentheorie. de Gruyter, Berlin, New York, 239 S.

*Orloci, L.* (1971): An information theory model for pattern analysis, J. Ecol. **59,** S. 343–349.

*Orloci, L.* (1978): Multivariate Analysis in Vegetation Research, Dr. W. Junk bv, La Hague, Boston, 451 S.

*Owesen, H. A.* (1976): Artendiversität in der Ökologie, Reports Sonderforschungsbereich 95, Nr. **16,** Universität Kiel, 178 S.

*Probst, B.* (1976): Ein Modell zur Darstellung des pelagischen Stoffkreislaufes in einem marinen Flachwasserökosystem der westl. Ostsee. Kieler Meeresforschungen Sonderheft **3,** S. 120–126.

*Raabe, E. W.* (1951): Über die „Charakteristische Artenkombination" in der Pflanzensoziologie, Schrift. Naturw. Verein Schl.-Holst., Bd. **24,** Heft 2, S. 8–14.

*Rheinheimer, G.* (1977): Microbiol Ecology of a Brackish Water Environment, Springer Verlag Berlin, Heidelberg, New York, 291 S.

*Reinhardt, F., H. Soeder* (1976): dtv-Atlas zur Mathematik, Bd. I, dtv-Verlag, München, 266 S.

*Reinhardt, F., H. Soeder* (1977): dtv-Atlas zur Mathematik, Bd. II, dtv-Verlag, München, 232 S.

*Reise, K.* (1979): Spatial configuations generated by motile benthic polychaetes, Helgol. wiss. Meeresunters. **32,** S. 55–72.

*Rosanow, J. A.* (1974): Wahrscheinlichkeitstheorie. Rowohlt, Reinbek (Hamburg).

*Sacher, W.* (1977): Einführung in die Statistik für Benutzer programmierbarer Taschenrechner, Oldenbourg München, 134 S.

*Sachs, L.* (1974): Angewandte Statistik, Springer-Verlag Berlin, 545 S.

*Scamoni, A.* (1963): Einführung in die praktische Vegetationskunde, Gustav Fischer Verlag Jena, 236 S.

*Schwerdtfeger, F.* (1979): Ökologie der Tiere. Bd. II. Demökologie. Parey, Hamburg, Berlin, 450 S.

*Schwerdtfeger, F.* (1975): Ökologie der Tiere, Bd. III, Synökologie, Paul Parey Hamburg, 451 S.

*Shannon, C. E., W. Weaver* (1949): The mathematical theory of communications. dtsch. Übersetzung *H. Dressler* (1976): Mathematische Grundlagen der Informationstheorie. Oldenbourg, München, Wien, 143 S.

SHARP CORPORATION: PC-1211 Pocket Computer: Applications manual, 301 S.

*Späth, H.* (1975): Cluster-Analyse-Algorithmen zur Objektklassifizierung und Datenreduktion. Oldenbourg, München.

*Spiegel, M. R* (1972): Statistics, Mc. Graw-Hill, New York, 359 S.

*Steinhausen, Langer* (1977): Clusteranalyse. de Gruyter, Berlin, New York, 206 S.

*Störmer, H.* (1971): Praktische Anleitung zu statistischen Prüfungen, Oldenbourg München, 111 S.

*Stugren, B.* (1978): Grundlagen der Allgemeinen Ökologie, Gustav Fischer Verlag, Stuttgart, 312 S.

*TEXAS INSTRUMENTS* (1978): Programmierbare TI-58/59, Individuelles Programmieren, Freising, 230 S.

TEXAS INSTRUMENTS (1978): Programmierbare TI-58/59, Standard Software Modul, Freising, 89 S.

*Tischler, W.* (1975): Ökologie, in: Wörterbücher der Biologie, Gustav Fischer Verlag, Stuttgart, 125 S.

*Überla, K.* (1977): Faktorenanalyse, Springer Verlag Berlin, Heidelberg, New York, 399 S.

*Venz, G.* (1980): Lineare Algebra für programmierbare Taschenrechner, Oldenbourg, München, Wien, 106 S.

*Wagner, K.* (1970): Graphentheorie. Bibliogr. Inst., Mannheim, Wien, Zürich, 220 S.

*Weber, E.* (1972): Grundriß der biologischen Statistik, Gustav Fischer Verlag, Stuttgart, 706 S.

*Weber, E.* (1974): Einführung in die Faktorenanalyse, Gustav Fischer Verlag, Stuttgart, 192 S.

*Wetzel, W.* (1971): Statistische Grundausbildung für Wirtschaftswissenschaftler, I. Beschreibende Statistik, Walter de Gruyter, Berlin, 172 S.

*Yarranton, G.A.* (1973): A graph theoretical test of phytosociological homogenity. Vegetatio **28**, 5–6, S. 283–298.

*Zurmühl, R.* (1964): Matrizen und ihre technischen Anwendungen, Springer Verlag, Berlin, Göttingen, Heidelberg, 452 S.

*Zurmühl, R.* (1965): Praktische Mathematik für Ingenieure und Physiker, Springer Verlag, Berlin, 561 S.

# 9 Anhang

**Tabelle I:** Werte der t-Verteilung

| F(z) | Anzahl der Freiheitsgrade | | | | | | | | | |
|---|---|---|---|---|---|---|---|---|---|---|
| | 1 | 2 | 3 | 4 | 5 | 6 | 7 | 8 | 9 | 10 |
| 0,5 | 0,00 | 0,00 | 0,00 | 0,00 | 0,00 | 0,00 | 0,00 | 0,00 | 0,00 | 0,00 |
| 0,6 | 0,33 | 0,29 | 0,28 | 0,27 | 0,27 | 0,27 | 0,26 | 0,26 | 0,26 | 0,26 |
| 0,7 | 0,73 | 0,62 | 0,58 | 0,57 | 0,56 | 0,55 | 0,55 | 0,55 | 0,54 | 0,54 |
| 0,8 | 1,38 | 1,06 | 0,98 | 0,94 | 0,92 | 0,91 | 0,90 | 0,89 | 0,88 | 0,88 |
| 0,9 | 3,08 | 1,89 | 1,64 | 1,53 | 1,48 | 1,44 | 1,42 | 1,40 | 1,38 | 1,37 |
| 0,95 | 6,31 | 2,92 | 2,35 | 2,13 | 2,02 | 1,94 | 1,90 | 1,86 | 1,83 | 1,81 |
| 0,975 | 12,7 | 4,30 | 3,18 | 2,78 | 2,57 | 2,45 | 2,37 | 2,31 | 2,26 | 2,23 |
| 0,99 | 31,8 | 6,97 | 4,54 | 3,75 | 3,37 | 3,14 | 3,00 | 2,90 | 2,82 | 2,76 |
| 0,995 | 63,7 | 9,93 | 5,84 | 4,60 | 4,03 | 3,71 | 3,50 | 3,36 | 3,25 | 3,17 |
| 0,999 | 318,3 | 22,3 | 10,2 | 7,17 | 5,89 | 5,21 | 4,79 | 4,50 | 4,30 | 4,14 |

| F(z) | Anzahl der Freiheitsgrade | | | | | | | | | |
|---|---|---|---|---|---|---|---|---|---|---|
| | 11 | 12 | 13 | 14 | 15 | 16 | 17 | 18 | 19 | 20 |
| 0,5 | 0,00 | 0,00 | 0,00 | 0,00 | 0,00 | 0,00 | 0,00 | 0,00 | 0,00 | 0,00 |
| 0,6 | 0,26 | 0,26 | 0,26 | 0,26 | 0,26 | 0,26 | 0,26 | 0,26 | 0,26 | 0,26 |
| 0,7 | 0,54 | 0,54 | 0,54 | 0,54 | 0,54 | 0,54 | 0,53 | 0,53 | 0,53 | 0,53 |
| 0,8 | 0,88 | 0,87 | 0,87 | 0,87 | 0,87 | 0,87 | 0,86 | 0,86 | 0,86 | 0,86 |
| 0,9 | 1,36 | 1,36 | 1,35 | 1,35 | 1,34 | 1,34 | 1,33 | 1,33 | 1,33 | 1,33 |
| 0,95 | 1,80 | 1,78 | 1,77 | 1,76 | 1,75 | 1,75 | 1,74 | 1,73 | 1,73 | 1,73 |
| 0,975 | 2,20 | 2,18 | 2,16 | 2,15 | 2,13 | 2,12 | 2,11 | 2,10 | 2,09 | 2,09 |
| 0,99 | 2,72 | 2,68 | 2,65 | 2,62 | 2,60 | 2,58 | 2,57 | 2,55 | 2,54 | 2,53 |
| 0,995 | 3,11 | 3,06 | 3,01 | 2,98 | 2,95 | 2,92 | 2,90 | 2,88 | 2,86 | 2,85 |
| 0,999 | 4,03 | 3,93 | 3,85 | 3,79 | 3,73 | 3,69 | 3,65 | 3,61 | 3,58 | 3,55 |

| F(z) | Anzahl der Freiheitsgrade | | | | | | | | | |
|---|---|---|---|---|---|---|---|---|---|---|
| | 22 | 24 | 26 | 28 | 30 | 40 | 50 | 100 | 200 | ∞ |
| 0,5 | 0,00 | 0,00 | 0,00 | 0,00 | 0,00 | 0,00 | 0,00 | 0,00 | 0,00 | 0,00 |
| 0,6 | 0,26 | 0,26 | 0,26 | 0,26 | 0,26 | 0,26 | 0,26 | 0,25 | 0,25 | 0,25 |
| 0,7 | 0,53 | 0,53 | 0,53 | 0,53 | 0,53 | 0,53 | 0,53 | 0,53 | 0,53 | 0,52 |
| 0,8 | 0,86 | 0,86 | 0,86 | 0,86 | 0,85 | 0,85 | 0,85 | 0,85 | 0,84 | 0,84 |
| 0,9 | 1,32 | 1,32 | 1,32 | 1,31 | 1,31 | 1,30 | 1,30 | 1,29 | 1,29 | 1,28 |
| 0,95 | 1,72 | 1,71 | 1,71 | 1,70 | 1,70 | 1,68 | 1,68 | 1,66 | 1,65 | 1,65 |
| 0,975 | 2,07 | 2,06 | 2,06 | 2,05 | 2,04 | 2,02 | 2,01 | 1,98 | 1,97 | 1,96 |
| 0,99 | 2,51 | 2,49 | 2,48 | 2,47 | 2,46 | 2,42 | 2,40 | 2,37 | 2,35 | 2,33 |
| 0,995 | 2,82 | 2,80 | 2,78 | 2,76 | 2,75 | 2,70 | 2,68 | 2,63 | 2,60 | 2,58 |
| 0,999 | 3,51 | 3,47 | 3,44 | 3,41 | 3,39 | 3,31 | 3,26 | 3,17 | 3,13 | 3,09 |

(nach *Kreyszig* 1970, S. 405, verändert)

**Tabelle II:** Werte der Chi-Quadrat-Verteilung

| $F(x)$ | Anzahl der Freiheitsgrade | | | | | | | | | |
|---|---|---|---|---|---|---|---|---|---|---|
| | 1 | 2 | 3 | 4 | 5 | 6 | 7 | 8 | 9 | 10 |
| 0,001 | 0,00 | 0,00 | 0,02 | 0,09 | 0,21 | 0,38 | 0,60 | 0,86 | 1,15 | 1,48 |
| 0,005 | 0,00 | 0,01 | 0,07 | 0,21 | 0,41 | 0,68 | 0,99 | 1,34 | 1,73 | 2,16 |
| 0,01 | 0,00 | 0,02 | 0,11 | 0,30 | 0,55 | 0,87 | 1,24 | 1,65 | 2,09 | 2,56 |
| 0,025 | 0,00 | 0,05 | 0,22 | 0,48 | 0,83 | 1,24 | 1,69 | 2,18 | 2,70 | 3,25 |
| 0,05 | 0,00 | 0,10 | 0,35 | 0,71 | 1,15 | 1,64 | 2,17 | 2,73 | 3,33 | 3,94 |
| 0,1 | 0,02 | 0,21 | 0,58 | 1,06 | 1,61 | 2,20 | 2,83 | 3,49 | 4,17 | 4,87 |
| 0,25 | 0,10 | 0,58 | 1,21 | 1,92 | 2,67 | 3,45 | 4,25 | 5,07 | 5,90 | 6,74 |
| 0,5 | 0,45 | 1,39 | 2,37 | 3,36 | 4,35 | 5,35 | 6,35 | 7,34 | 8,34 | 9,34 |
| 0,75 | 1,32 | 2,77 | 4,11 | 5,39 | 6,63 | 7,84 | 9,04 | 10,22 | 11,39 | 12,55 |
| 0,9 | 2,71 | 4,61 | 6,25 | 7,78 | 9,24 | 10,64 | 12,02 | 13,36 | 14,68 | 15,99 |
| 0,95 | 3,84 | 5,99 | 7,81 | 9,49 | 11,07 | 12,59 | 14,07 | 15,51 | 16,92 | 18,31 |
| 0,975 | 5,02 | 7,38 | 9,35 | 11,14 | 12,83 | 14,45 | 16,01 | 17,53 | 19,02 | 20,48 |
| 0,99 | 6,63 | 9,21 | 11,34 | 13,28 | 15,09 | 16,81 | 18,48 | 20,09 | 21,67 | 23,21 |
| 0,995 | 7,88 | 10,60 | 12,84 | 14,86 | 16,75 | 18,55 | 20,28 | 21,96 | 23,59 | 25,19 |
| 0,999 | 10,83 | 13,82 | 16,27 | 18,47 | 20,52 | 22,46 | 24,32 | 26,13 | 27,88 | 29,59 |

| $F(x)$ | Anzahl der Freiheitsgrade | | | | | | | | | |
|---|---|---|---|---|---|---|---|---|---|---|
| | 11 | 12 | 13 | 14 | 15 | 16 | 17 | 18 | 19 | 20 |
| 0,001 | 1,83 | 2,21 | 2,62 | 3,04 | 3,48 | 3,94 | 4,42 | 4,90 | 5,41 | 5,92 |
| 0,005 | 2,60 | 3,07 | 3,57 | 4,07 | 4,60 | 5,14 | 5,70 | 6,26 | 6,84 | 7,43 |
| 0,01 | 3,05 | 3,57 | 4,11 | 4,66 | 5,23 | 5,81 | 6,41 | 7,01 | 7,63 | 8,26 |
| 0,025 | 3,82 | 4,40 | 5,01 | 5,63 | 6,26 | 6,91 | 7,56 | 8,23 | 8,91 | 9,59 |
| 0,05 | 4,57 | 5,23 | 5,89 | 6,57 | 7,26 | 7,96 | 8,67 | 9,39 | 10,12 | 10,85 |
| 0,1 | 5,58 | 6,30 | 7,04 | 7,79 | 8,55 | 9,31 | 10,09 | 10,86 | 11,65 | 12,44 |
| 0,25 | 7,58 | 8,44 | 9,30 | 10,17 | 11,04 | 11,91 | 12,79 | 13,68 | 14,56 | 15,45 |
| 0,5 | 10,34 | 11,34 | 12,34 | 13,34 | 14,34 | 15,34 | 16,34 | 17,34 | 18,34 | 19,34 |
| 0,75 | 13,70 | 14,85 | 15,98 | 17,12 | 18,25 | 19,37 | 20,49 | 21,60 | 22,72 | 23,83 |
| 0,9 | 17,28 | 18,55 | 19,81 | 21,06 | 22,31 | 23,54 | 24,77 | 25,99 | 27,20 | 28,41 |
| 0,95 | 19,68 | 21,03 | 22,36 | 23,68 | 25,00 | 26,30 | 27,59 | 28,87 | 30,14 | 31,41 |
| 0,975 | 21,92 | 23,34 | 24,74 | 26,12 | 27,49 | 28,85 | 30,19 | 31,53 | 32,85 | 34,17 |
| 0,99 | 24,73 | 26,22 | 27,69 | 29,14 | 30,58 | 32,00 | 33,41 | 34,81 | 36,19 | 37,57 |
| 0,995 | 26,76 | 28,30 | 29,82 | 31,32 | 32,80 | 34,27 | 35,72 | 37,16 | 38,58 | 40,00 |
| 0,999 | 31,26 | 32,91 | 34,53 | 36,12 | 37,70 | 39,25 | 40,79 | 42,31 | 43,82 | 45,32 |

(nach *Kreyszig* 1970, S. 402–403, verändert)

| $F(x)$ | Anzahl der Freiheitsgrade | | | | | | | | | |
|---|---|---|---|---|---|---|---|---|---|---|
| | 21 | 22 | 23 | 24 | 25 | 26 | 27 | 28 | 29 | 30 |
| 0,001 | 6,4 | 7,0 | 7,5 | 8,1 | 8,7 | 9,2 | 9,8 | 10,4 | 11,0 | 11,6 |
| 0,005 | 8,0 | 8,6 | 9,3 | 9,9 | 10,5 | 11,2 | 11,8 | 12,5 | 13,1 | 13,8 |
| 0,01 | 8,9 | 9,5 | 10,2 | 10,9 | 11,5 | 12,2 | 12,9 | 13,6 | 14,3 | 15,0 |
| 0,025 | 10,3 | 11,0 | 11,7 | 12,4 | 13,1 | 13,8 | 14,6 | 15,3 | 16,0 | 16,8 |
| 0,05 | 11,6 | 12,3 | 13,1 | 13,8 | 14,6 | 15,4 | 16,2 | 16,9 | 17,7 | 18,5 |
| 0,1 | 13,2 | 14,0 | 14,8 | 15,7 | 16,5 | 17,3 | 18,1 | 18,9 | 19,8 | 20,6 |
| 0,25 | 16,3 | 17,2 | 18,1 | 19,0 | 19,9 | 20,8 | 21,7 | 22,7 | 23,6 | 24,5 |
| 0,5 | 20,3 | 21,3 | 22,3 | 23,3 | 24,3 | 25,3 | 26,3 | 27,3 | 28,3 | 29,3 |
| 0,75 | 24,9 | 26,0 | 27,1 | 28,2 | 29,3 | 30,4 | 31,5 | 32,6 | 33,7 | 34,8 |
| 0,9 | 29,6 | 30,8 | 32,0 | 33,2 | 34,4 | 35,6 | 36,7 | 37,9 | 39,1 | 40,3 |
| 0,95 | 32,7 | 33,9 | 35,2 | 36,4 | 37,7 | 38,9 | 40,1 | 41,3 | 42,6 | 43,8 |
| 0,975 | 35,5 | 36,8 | 38,1 | 39,4 | 40,6 | 41,9 | 43,2 | 44,5 | 45,7 | 47,0 |
| 0,99 | 38,9 | 40,3 | 41,6 | 43,0 | 44,3 | 45,6 | 47,0 | 48,3 | 49,6 | 50,9 |
| 0,995 | 41,4 | 42,8 | 44,2 | 45,6 | 46,9 | 48,3 | 49,6 | 51,0 | 52,3 | 53,7 |
| 0,999 | 46,8 | 48,3 | 49,7 | 51,2 | 52,6 | 54,1 | 55,5 | 56,9 | 58,3 | 59,7 |

| $F(x)$ | Anzahl der Freiheitsgrade | | | | | | | |
|---|---|---|---|---|---|---|---|---|
| | 40 | 50 | 60 | 70 | 80 | 90 | 100 | > 100 (Näherung) |
| 0,001 | 17,9 | 24,7 | 31,7 | 39,0 | 46,5 | 54,2 | 61,9 | $\frac{1}{2}(h-3{,}09)^2$ |
| 0,005 | 20,7 | 28,0 | 35,5 | 43,3 | 51,2 | 59,2 | 67,3 | $\frac{1}{2}(h-2{,}58)^2$ |
| 0,01 | 22,2 | 29,7 | 37,5 | 45,4 | 53,5 | 61,8 | 70,1 | $\frac{1}{2}(h-2{,}33)^2$ |
| 0,025 | 24,4 | 32,4 | 40,5 | 48,8 | 57,2 | 65,6 | 74,2 | $\frac{1}{2}(h-1{,}96)^2$ |
| 0,05 | 26,5 | 34,8 | 43,2 | 51,7 | 60,4 | 69,1 | 77,9 | $\frac{1}{2}(h-1{,}64)^2$ |
| 0,1 | 29,1 | 37,7 | 46,5 | 55,3 | 64,3 | 73,3 | 82,4 | $\frac{1}{2}(h-1{,}28)^2$ |
| 0,25 | 33,7 | 42,9 | 52,3 | 61,7 | 71,1 | 80,6 | 90,1 | $\frac{1}{2}(h-0{,}67)^2$ |
| 0,5 | 39,3 | 49,3 | 59,3 | 69,3 | 79,3 | 89,3 | 99,3 | $\frac{1}{2}h^2$ |
| 0,75 | 45,6 | 56,3 | 67,0 | 77,6 | 88,1 | 98,6 | 109,1 | $\frac{1}{2}(h+0{,}67)^2$ |
| 0,9 | 51,8 | 63,2 | 74,4 | 85,5 | 96,6 | 107,6 | 118,5 | $\frac{1}{2}(h+1{,}28)^2$ |
| 0,95 | 55,8 | 67,5 | 79,1 | 90,5 | 101,9 | 113,1 | 124,3 | $\frac{1}{2}(h+1{,}64)^2$ |
| 0,975 | 59,3 | 71,4 | 83,3 | 95,0 | 106,6 | 118,1 | 129,6 | $\frac{1}{2}(h+1{,}96)^2$ |
| 0,99 | 63,7 | 76,2 | 88,4 | 100,4 | 112,3 | 124,1 | 135,8 | $\frac{1}{2}(h+2{,}33)^2$ |
| 0,995 | 66,8 | 79,5 | 92,0 | 104,2 | 116,3 | 128,3 | 140,2 | $\frac{1}{2}(h+2{,}58)^2$ |
| 0,999 | 73,4 | 86,7 | 99,6 | 112,3 | 124,8 | 137,2 | 149,4 | $\frac{1}{2}(h+3{,}09)^2$ |

In der letzten Spalte ist $h = \sqrt{2m-1}$
($m$ = Anzahl der Freiheitsgrade)

**Tabelle IIIa:** Testtabelle für die nichtparametrische Ermittlung der Konfidenzintervalle (Abschnitt 3.6) für $n \leqslant 100$

| Zweiseitig | 5% | | 2% | | 1% | | Zweiseitig | 5% | | 2% | | 1% | |
|---|---|---|---|---|---|---|---|---|---|---|---|---|---|
| n = 5 | 0 | 5 | 0 | 5 | 0 | 5 | n = 53 | 19 | 34 | 18 | 35 | 17 | 36 |
| 6 | 1 | 5 | 0 | 6 | 0 | 6 | 54 | 20 | 34 | 19 | 35 | 18 | 36 |
| 7 | 1 | 6 | 1 | 6 | 0 | 7 | 55 | 20 | 35 | 19 | 36 | 18 | 37 |
| 8 | 1 | 7 | 1 | 7 | 1 | 7 | 56 | 21 | 35 | 19 | 37 | 18 | 38 |
| 9 | 2 | 7 | 1 | 8 | 1 | 8 | 57 | 21 | 36 | 20 | 37 | 19 | 38 |
| 10 | 2 | 8 | 1 | 9 | 1 | 9 | 58 | 22 | 36 | 20 | 38 | 19 | 39 |
| 11 | 2 | 9 | 2 | 9 | 1 | 10 | 59 | 22 | 37 | 21 | 38 | 20 | 39 |
| 12 | 3 | 9 | 2 | 10 | 2 | 10 | 60 | 22 | 38 | 21 | 39 | 20 | 40 |
| 13 | 3 | 10 | 2 | 11 | 2 | 11 | 61 | 23 | 38 | 21 | 40 | 21 | 40 |
| 14 | 3 | 11 | 3 | 11 | 2 | 12 | 62 | 23 | 39 | 22 | 40 | 21 | 41 |
| 15 | 4 | 11 | 3 | 12 | 3 | 12 | 63 | 24 | 39 | 22 | 41 | 21 | 42 |
| 16 | 4 | 12 | 3 | 13 | 3 | 13 | 64 | 24 | 40 | 23 | 41 | 22 | 42 |
| 17 | 5 | 12 | 4 | 13 | 3 | 14 | 65 | 25 | 40 | 23 | 42 | 22 | 43 |
| 18 | 5 | 13 | 4 | 14 | 4 | 14 | 66 | 25 | 41 | 24 | 42 | 23 | 43 |
| 19 | 5 | 14 | 5 | 14 | 4 | 15 | 67 | 26 | 41 | 24 | 43 | 23 | 44 |
| 20 | 6 | 14 | 5 | 15 | 4 | 16 | 68 | 26 | 42 | 24 | 44 | 23 | 45 |
| 21 | 6 | 15 | 5 | 16 | 5 | 16 | 69 | 26 | 43 | 25 | 44 | 24 | 45 |
| 22 | 6 | 16 | 6 | 16 | 5 | 17 | 70 | 27 | 43 | 25 | 45 | 24 | 46 |
| 23 | 7 | 16 | 6 | 17 | 5 | 18 | 71 | 27 | 44 | 26 | 45 | 25 | 46 |
| 24 | 7 | 17 | 6 | 18 | 6 | 18 | 72 | 28 | 44 | 26 | 46 | 25 | 47 |
| 25 | 8 | 17 | 7 | 18 | 6 | 19 | 73 | 28 | 45 | 27 | 46 | 26 | 47 |
| 26 | 8 | 18 | 7 | 19 | 7 | 19 | 74 | 29 | 45 | 27 | 47 | 26 | 48 |
| 27 | 8 | 19 | 8 | 19 | 7 | 20 | 75 | 29 | 46 | 27 | 48 | 26 | 49 |
| 28 | 9 | 19 | 8 | 20 | 7 | 21 | 76 | 29 | 47 | 28 | 48 | 27 | 49 |
| 29 | 9 | 20 | 8 | 21 | 8 | 21 | 77 | 30 | 47 | 28 | 49 | 27 | 50 |
| 30 | 10 | 20 | 9 | 21 | 8 | 22 | 78 | 30 | 48 | 29 | 49 | 28 | 50 |
| 31 | 10 | 21 | 9 | 22 | 8 | 23 | 79 | 31 | 48 | 29 | 50 | 28 | 51 |
| 32 | 10 | 22 | 9 | 23 | 9 | 23 | 80 | 31 | 49 | 30 | 50 | 29 | 51 |
| 33 | 11 | 22 | 10 | 23 | 9 | 24 | 81 | 32 | 49 | 30 | 51 | 29 | 52 |
| 34 | 11 | 23 | 10 | 24 | 10 | 24 | 82 | 32 | 50 | 31 | 51 | 29 | 53 |
| 35 | 12 | 23 | 11 | 24 | 10 | 25 | 83 | 33 | 50 | 31 | 52 | 30 | 53 |
| 36 | 12 | 24 | 11 | 25 | 10 | 26 | 84 | 33 | 51 | 31 | 53 | 30 | 54 |
| 37 | 13 | 24 | 11 | 26 | 11 | 26 | 85 | 33 | 52 | 32 | 53 | 31 | 54 |
| 38 | 13 | 25 | 12 | 26 | 11 | 27 | 86 | 34 | 52 | 32 | 54 | 31 | 55 |
| 39 | 13 | 26 | 12 | 27 | 12 | 27 | 87 | 34 | 53 | 33 | 54 | 32 | 55 |
| 40 | 14 | 26 | 13 | 27 | 12 | 28 | 88 | 35 | 53 | 33 | 55 | 32 | 56 |
| 41 | 14 | 27 | 13 | 28 | 12 | 29 | 89 | 35 | 54 | 34 | 55 | 32 | 57 |
| 42 | 15 | 27 | 14 | 28 | 13 | 29 | 90 | 36 | 54 | 34 | 56 | 33 | 57 |
| 43 | 15 | 28 | 14 | 29 | 13 | 30 | 91 | 36 | 55 | 34 | 57 | 33 | 58 |
| 44 | 16 | 28 | 14 | 30 | 14 | 30 | 92 | 37 | 55 | 35 | 57 | 34 | 58 |
| 45 | 16 | 29 | 15 | 30 | 14 | 31 | 93 | 37 | 56 | 35 | 58 | 34 | 59 |
| 46 | 16 | 30 | 15 | 31 | 14 | 32 | 94 | 38 | 56 | 36 | 58 | 35 | 59 |
| 47 | 17 | 30 | 16 | 31 | 15 | 32 | 95 | 38 | 57 | 36 | 59 | 35 | 60 |
| 48 | 17 | 31 | 16 | 32 | 15 | 33 | 96 | 38 | 58 | 37 | 59 | 35 | 61 |
| 49 | 18 | 31 | 16 | 33 | 16 | 33 | 97 | 39 | 58 | 37 | 60 | 36 | 61 |
| 50 | 18 | 32 | 17 | 33 | 16 | 34 | 98 | 39 | 59 | 38 | 60 | 36 | 62 |
| 51 | 19 | 32 | 17 | 34 | 16 | 35 | 99 | 40 | 59 | 38 | 61 | 37 | 62 |
| 52 | 19 | 33 | 18 | 34 | 17 | 35 | 100 | 40 | 60 | 38 | 62 | 37 | 63 |

(nach *Sachs* 1974, S. 248, verändert)

**Tabelle IIIb:** Testtabelle für die nichtparametrische Ermittlung der Konfidenzintervalle (Abschnitt 3.6) für n > 100

| Linke Schranken für die zweiseitige Fragestellung | | | | | | | | | | | | | | | | | |
|---|---|---|---|---|---|---|---|---|---|---|---|---|---|---|---|---|---|
| *n* | 5% | 1% | *n* | 5% | 1% | *n* | 5% | 1% | *n* | 5% | 1% | *n* | 5% | 1% | *n* | 5% | 1% |
| 101 | 41 | 38 | 121 | 50 | 46 | 141 | 59 | 55 | 161 | 68 | 64 | 181 | 77 | 73 | 210 | 91 | 86 |
| 102 | 41 | 38 | 122 | 50 | 47 | 142 | 59 | 56 | 162 | 69 | 65 | 182 | 78 | 74 | 220 | 95 | 91 |
| 103 | 42 | 38 | 123 | 51 | 47 | 143 | 60 | 56 | 163 | 69 | 65 | 183 | 78 | 74 | 230 | 100 | 96 |
| 104 | 42 | 39 | 124 | 51 | 48 | 144 | 60 | 57 | 164 | 69 | 66 | 184 | 79 | 75 | 240 | 105 | 100 |
| 105 | 42 | 39 | 125 | 52 | 48 | 145 | 61 | 57 | 165 | 70 | 66 | 185 | 79 | 75 | 250 | 110 | 105 |
| 106 | 43 | 40 | 126 | 52 | 49 | 146 | 61 | 57 | 166 | 70 | 66 | 186 | 80 | 75 | 260 | 114 | 109 |
| 107 | 43 | 40 | 127 | 52 | 49 | 147 | 62 | 58 | 167 | 71 | 67 | 187 | 80 | 76 | 270 | 119 | 114 |
| 108 | 44 | 41 | 128 | 53 | 49 | 148 | 62 | 58 | 168 | 71 | 67 | 188 | 81 | 76 | 280 | 124 | 118 |
| 109 | 44 | 41 | 129 | 53 | 50 | 149 | 63 | 59 | 169 | 72 | 68 | 189 | 81 | 77 | 290 | 128 | 123 |
| 110 | 45 | 42 | 130 | 54 | 50 | 150 | 63 | 59 | 170 | 72 | 68 | 190 | 82 | 77 | 300 | 133 | 128 |
| 111 | 45 | 42 | 131 | 54 | 51 | 151 | 63 | 60 | 171 | 73 | 69 | 191 | 82 | 78 | 350 | 157 | 151 |
| 112 | 46 | 42 | 132 | 55 | 51 | 152 | 64 | 60 | 172 | 73 | 69 | 192 | 82 | 78 | 400 | 180 | 174 |
| 113 | 46 | 43 | 133 | 55 | 52 | 153 | 64 | 61 | 173 | 74 | 70 | 193 | 83 | 79 | 450 | 204 | 198 |
| 114 | 47 | 43 | 134 | 56 | 52 | 154 | 65 | 61 | 174 | 74 | 70 | 194 | 83 | 79 | 500 | 228 | 221 |
| 115 | 47 | 44 | 135 | 56 | 53 | 155 | 65 | 62 | 175 | 75 | 71 | 195 | 84 | 80 | 550 | 252 | 245 |
| 116 | 47 | 44 | 136 | 57 | 53 | 156 | 66 | 62 | 176 | 75 | 71 | 196 | 84 | 80 | 600 | 276 | 268 |
| 117 | 48 | 45 | 137 | 57 | 53 | 157 | 66 | 62 | 177 | 75 | 71 | 197 | 85 | 80 | 700 | 324 | 316 |
| 118 | 48 | 45 | 138 | 58 | 54 | 158 | 67 | 63 | 178 | 76 | 72 | 198 | 85 | 81 | 800 | 372 | 364 |
| 119 | 49 | 46 | 139 | 58 | 54 | 159 | 67 | 63 | 179 | 76 | 72 | 199 | 86 | 81 | 900 | 421 | 411 |
| 120 | 49 | 46 | 140 | 58 | 55 | 160 | 68 | 64 | 180 | 77 | 73 | 200 | 86 | 82 | 1000 | 469 | 459 |

Der rechte Schrankenwert (*RS*) von Tabelle 3b wird aus *n* und dem linken Schrankenwert (*LS*) nach $n - LS + 1$ berechnet.

Vertrauensbereich (VB) für den Median ($\tilde{\mu}$). 95 %-VB und 99 %-VB für $\tilde{\mu}$ erhält man für $n > 100$ anhand von Tabelle 3b. 5 %- und 1 %-Spalten nach: $LS \leqslant \tilde{\mu} \leqslant n - LS + 1$; z.B. $n = 300$, 95 %-VB: 133. Wert $\leqslant \tilde{\mu} \leqslant$ 168. Wert.

(nach *Sachs* 1974, S. 249, verändert)

# Sachwortverzeichnis